대체 왜 나를 사랑하세요?

대체 왜 나를 사랑하세요?

사랑하세요?

임형규

규장

우리 가정이 가장 어두운 시간을 지날 때
사랑을 주신 이정일 권사님께 이 책을 드립니다

추천사

브리지임팩트 캠프 중이었다. 동두천에서 온 어느 청소년 부서가 눈에 띄었다. 대형 캠프에서 두각을 나타내는 것은 그리 쉬운 일이 아니다. 그 청소년부를 담당하는 교역자를 불렀다. 모자를 쓰고 캠프 본부에 온 이가 임형규다. 군 제대 후 대학을 졸업한 청년. 그가 아이들과 함께 뒹굴며 사역하고 있었다.

벌써 20년 가까운 시간이 흘렀다. 그 시간 동안 나는 형규와 찬미의 결혼식을 주례했다. 아이들은 나를 큰 아빠라 부르고 우리는 가족이 되었다. 형규와 찬미는 제자, 동역자, 가족, 내 새끼, 분신이자 내 자랑이고 나의 면류관이다.

우리는 험한 길을 기꺼이 함께 걸었다. 폭풍우 속에서 함께 비를 맞고, 비인지 눈물인지 모를 것들을 훔쳤다. 좋은 시간은 그보다 훨씬 많았다. 기뻤고 즐거웠고 행복했다.

내가 한창 대형교회를 내려놓고 세계 곳곳을 다니며 순회 선교를 할 때 교회에 대한 비전을 항상 제시했던 사람이 임형규다. 라이트하우스무브먼트는 우리의 많은 이야기 속에서 하나씩 자리 잡아갔다. 지금은 라이트하우스 서울숲의 담임으로, 수많은 청년들의 메신저로 진솔하게 한 걸음씩 걸어가고 있다.

임형규 목사의 글은 현장에서 외친 메시지다. 꾸미거나 장식을 단 글이 아니다. 이미 가슴에서부터 부른 메시지는 그래서 눈물로 이어진다. 그의 글이 책으로 나오게 되어 너무 기쁘고 뿌듯하다. 많은 분들이 읽어주는 베스트셀러가 되면 참 좋겠다. 벅찬 가슴으로 추천한다.

홍민기 | 라이트하우스무브먼트 대표

임형규 목사는 (기독교인이라면 오랫동안 들었을) 뻔한 사랑 이야기를, 이 책을 통해서 '또' 하고 있다. 그럼에도 그 이야기가 매력적인 이유는 우리의 일상에서 흔히 접할 수 있는 뻔한 경험과 그 뻔한 사랑 이야기를 접목시켜서 '와닿게' 만들어주기 때문이다.

뻔한 일상 이야기가 뻔한 하나님의 사랑 이야기를 만날 때, 하나님의 사랑 이야기는 생생해지고 풍성해지며 강력해진다. 나는 저자의 이 능력에 감탄하며 질투까지 하고 있는데, 대체 이런 능력이 은사에서 온 것인지, 그의 경건에서 온 것인지 잘 모르겠다(필시 둘 다이리라).

어쨌든 나는 그의 통찰력 넘치는 글을 느긋하게 앉아서 즐길 수 있어 정말 좋다. 내가 우리 구주 예수 그리스도의 '딸기 인형'이라는 사실에 눈물을 훔치면서 말이다(마지막 장을 보라).

이정규 | 시광교회 담임목사

프롤로그

숨쉬듯 나를 사랑하시는 하나님,
나를 가득 채우는 이 뻔한 사랑 이야기가 좋다!

이 책은 하나님의 사랑에 관한 것이다. 또 사랑 이야기군. 뻔해.
그렇지 않다.

이 책은 당신이 그 전까지 생각하던 고정관념을 모두 깨뜨려줄
것이며 당신의 삶을 놀랍도록 변화시켜줄 만한 지혜를 제공하
고, 살면서 한 번도 생각지 못한 인사이트들을 줄 것이라고, 나
는 당당히 말하고 싶지만, 애석하게도 그럴 수 없다. 이것은 뻔
한 사랑 이야기이기 때문이다.

만약 누군가에게 오히려 이 책의 내용들이 살면서 한 번도 듣도
보도 못한 것이라면 정말 큰일이다. 어린 시절 늑대 무리와 함께
숲속에서 자라다가 문명의 도시로 끌려 나온 누군가처럼 그 사
람은 사랑을 생전 처음 경험해보는 것이기 때문이다.

당신에게 이 책이 익숙하다면 사랑받았기 때문이다. 누군가에게 사랑받고 있기 때문이다. 아마 나는 당신이 경험해본 것을 이야 기할 것이다. 당신이 먹어봐서 아는 맛이고 당신이 알고 있는 뻔한 이야기들을 들려줄 것이다.

짜릿한 것들은 경험의 영역 바깥에 있다. 음식은 못 먹어본 맛이 짜릿하다. 처음 사랑에 빠져 연애할 때 짜릿하다. 처음 가본 여행지가 짜릿하다. 반면 나를 형성하는 것은 뻔하다 못해 이미 지겨울 정도로 경험이 누적된 것이다. 집밥을 먹을 때 나는 짜릿해하지 않는다. 사랑하는 가족을 바라볼 때마다 짜릿함을 느끼지는 않는다(물론 밤 11시경에 퇴근했는데 6살 된 딸이 잠을 안 자고 있으면 나는 저 세상의 짜릿함을 느낀다).

분명한 것은 오늘의 나를 있게 한 것과 나를 살아 있게 만드는 것들은 익숙하고 지겨운 것들이라는 것이다. 엄마의 집밥, 아내의 잔소리, 동네 놀이터의 풍경, 분주한 출근길, 남편의 건망증(이라고 쓰고 무심함이라 읽는다), 사무실 동료들, 잠깐 숨을 돌릴 수 있는 커피자판기, 습관적으로 늘 듣던 그 노래, 제목은 바뀌었지만 내용은 늘 비슷한 우리 목사님의 설교.

그리고 늘 숨쉬듯 나를 사랑하시는 하나님. 그래서 내가 느끼지 못할 때에도 내 폐 속으로 가득히 들어오는 공기처럼 그분의 말할 수 없는 사랑이 나를 채운다. 그 사랑이 나를 살게 한다. 그 사랑을 닮은 사람들이 나를 살게 한다. 나는 예수 그리스도를 주인으로 삼고 나서부터 이러한 익숙함들이 좋아지기 시작했다.

그 사랑이 성령의 바람에 실려 당신에게 흘러가고 있다. 그러니 이제 이 뻔한 책을 향해서도 마음을 열라. 어차피 누군가 당신에게 이 책을 제공하기 위해 지갑을 열었다. 우리는 사실 모두 알고 있지 않은가. 열어야 들어온다는 것을.

이 책은 규장 출판사가 아니면 나올 수 없었다. 나는 끈질기게 글을 안 썼고, 그들은 계속해서 독려하며 기다려주었다. 여진구 대표님과 안수경 실장님께 감사와 더불어 경의를 표하는 바이다.

존경하는 스승이자 사랑하는 형님, 하지만 늘 '보스'라는 말이 더 어울리는 홍민기 목사님께 감사드린다.

아내 찬미와 두 딸 은율, 로은이에게는 그 어떤 말로도 사랑을 다 표현할 수가 없다. 나의 행복은 늘 이 세 명의 여인의 손에 달려 있다.

마지막으로 사랑하는 우리 교회 식구들. 기도하며 그들의 이름을 부를 때 나는 늘 가슴이 뜨겁다.

임형규

CONTENTS

1장

사랑받고 싶다

#사랑받고 싶어서 그래

어린 시절 나는 남자들만 잔뜩 있는 동네에서 자랐다.
그러다보니 여학생과 이야기하거나 소통하는 법을 몰랐다.

생각해보면 그때 나는 동네 바보 캐릭터였다.

중학교 1학년 때 사춘기가 시작되었다.
내가 다니던 중학교는 남녀공학이기는 해도
남학생반, 여학생반이 따로 있었고 층이 달랐다.

그런데 나에게 좋아하는 여학생이 생겼다.
하지만 좋아하는 사람에게 어떻게 다가가고
접근해야 할지 나는 전혀 아는 게 없었다.

깊은 고민이 시작되었다.
누구도 나에게 방법을 알려주지 않았고
무엇보다 나는 동네 바보 캐릭터였다.

그러던 어느 날이었다.
당시에 교실마다 누런 양철 주전자가 있었는데,

쉬는 시간에 어느 녀석이 그 주전자 뚜껑을
시멘트 바닥에 놓고 발로 밟은 채 밀고 다니는데,
정말이지 어마무시한 소리가 났다.
칠판을 손톱으로 긁는 것의 100배 정도의 소리였다.

그 일대의 모든 사람이 괴로워했다.
모두가 그 친구를 바라보았다.
모두가 그 친구를 바라볼 때
나는 뭔가를 깨달았다.

아하 이거구나!
나를 바라보게 하는 방법이 있었어!

나는 이 방식을 선택했다.
그때 주님께서 나를 말리셨어야 했다.
나는 용기 있고 당당하게 주전자 뚜껑을 들고
아래층으로 내려갔다.

분명히 그녀가 나를 바라보게 될 것이다.
그녀는 나의 존재를 확실히 알게 될 것이다.

나는 그 여학생의 반 근처 복도에서
주전자 뚜껑을 밟고 스케이트 타듯이 밀고 다녔다.
결국 그녀가 나를 쳐다보게 만드는 데는 성공했다.
그런데 지금 와서 생각해보면
워낙에 시끄러운 소리 때문에 자세히는 안 들렸지만
아마도 입을 오물거리며 뭐라고
욕지거리를 했던 것 같다.

나는 사랑받고 싶었다.
서툴렀던 내가 사랑받고 싶어서 선택한 도구는
주전자 뚜껑이었다.

어떤 사람들은 지금도 사랑받고 싶어서
주전자 뚜껑을 있어야 할 곳에 두지 않고
발로 밟고 밀어서 소리를 낸다.
물론 진짜 주전자 뚜껑을 밟지는 않는다.
더 교묘해졌고 지독해졌다.

사소한 일에 더 크게 웃거나 더 크게 운다.
좋아하는 사람에게 집착한다.
필요 이상으로 비판하고 반항한다.

나의 고통이나 어려움을 과장한다.

연인이나 배우자 들으라고 한숨을 크게 내쉰다.

분에 넘치게 비싼 명품이나 자동차를 산다.

화려한 옷차림이나 치장을 추구한다.

이것들이 우리가 사랑받고 싶어서

밟고 밀고 다니는 주전자 뚜껑들이다.

아마 당신에게는 더 진화한

주전자 뚜껑이 있을지도 모르겠다.

그리고 이것들은 사람들로 하여금

나를 주목하게 만드는 데는 성공하지만

우리의 관계 속에서 참기 힘든 잡음을 일으킨다.

내가 받기 원하는 진정한 사랑으로부터

더 멀어지게 만든다.

#저 애정 결핍이에요

사랑을 갈구하는 사람들은
가끔씩 자신을 애정 결핍이라고 소개한다.
"왜 손톱을 물어뜯어요?"라고 물으면
"저 애정 결핍이에요"라고 대답한다.

그들은 다리를 떨거나
SNS 좋아요를 구걸하기도 하며
때때로 내 돈으로 쇼핑했다고 말하기보다
'나에게 주는 선물'이라고 말한다.

당신의 애정 결핍에는 이유가 있을 수 있다.
부모님의 사이가 좋지 않았거나
부모님이 사랑 표현에 인색한 사람이었을 수도 있다.
또 성장 과정에서 그다지 사회적이지 않아
친구들과 관계가 좋지 않았거나
불행하게도 안 좋은 패거리들에게
따돌림과 폭력의 표적이 되었을 수도 있다.
사랑하는 사람에게 배신을 당했을 수도 있고
집안이 경제적으로 가난했거나

자신의 외모 탓일 수도 있다.

이런 증상과 현상적 원인들은
나무로 치면 열매에 해당한다.
그리고 열매를 맺게 한 뿌리가 있다.
열매는 여럿이지만 뿌리는 하나로 귀결된다.
원인은 인간의 유한성과 한계성이다.
이러한 인간의 유한성을 성경은 '죄'라고 말한다.

사랑에 대해 적용해보자면,
사람은 누군가를 사랑하기에는 온전하지 못하다.
사랑하는 건 분명한데도 온전한 사랑을 주지 못한다.
사랑한다고 하면서 오히려 상처를 준다.
사랑의 주체인 사람이
어딘가 깨어지고 찢어져 있기 때문이다.
그러니 죄인들끼리 어울려 사는 가운데
애정 결핍과 상처는 필연적으로 나타나는 것이다.

하지만 우리는 인간에게 상처받아서 힘든 것을
또다시 유한한 인간으로 채우려 한다.
이것이 죄의 악순환이다.

사람은 채울 수가 없다.

당신이 채우고 싶은 사랑의 빈자리는

인간의 것으로는 채워지지 않는다.

덫에 걸린 짐승이 몸부림칠수록

그 덫이 살갗을 파고들어 더 아픈 것처럼,

사람의 것으로 나를 채우려 발버둥칠수록

더 아프게 될 것이다.

더 공허해질 것이다.

#찾아 헤매던 것은 결국 사랑이었다

성경에 나오는 인물인 삼손은
전형적인 애정 결핍의 증상을 가지고 있다.
하나님께서 초인적인 힘을 주셨는데,
그것으로 의미있는 행동을 하지 못한다.
화가 나면 성문짝을 떼고,
사람들을 때려죽이고,
여우 300마리를 잡아 꼬리를 매고
꼬리에 불을 붙이고,
사자를 때려 죽인 걸 가지고
사람들 앞에서 수수께끼를 낸다.
그런데 이런 기행의 가운데에는 여자가 있다.

이성과 주변 사람들에게 사랑받고 싶어서
삼손은 스스로를 더 악화시킨다.
이것이 죄의 특성이다.

삼손은 사랑받고 싶다.
진정한 사랑을 경험하고 싶다.
그 사랑으로 나를 채우고 싶다.

문제 인식은 옳다.

진정한 사랑을 경험해야

아무도 막을 수가 없는

무적 바보의 광란의 질주를 멈추게 된다.

그러나 삼손은 도무지 '주전자 뚜껑'을

포기할 줄 모른다.

사사기 15장에 보면

삼손이 나귀 턱뼈를 집어 들고

블레셋 사람을 천 명이나 때려죽이는 사건이 나온다.

천하의 삼손도 그 정도쯤 되니 힘들었나보다.

그는 탈진한다.

물론 사람이다보니 몸도 지쳤겠지만,

수많은 사람과 싸워야 하는 그 길고 잔인한 싸움에

마음이 얼마나 지치겠는가.

이때 삼손은 자신의 목마름을 가지고

처음으로 하나님을 찾는다.

삼손이 심히 목이 말라 여호와께 부르짖어 이르되

주께서 종의 손을 통하여 이 큰 구원을 베푸셨사오나
내가 이제 목말라 죽어서
할례 받지 못한 자들의 손에 떨어지겠나이다 하니

사사기 15:18

그러자 하나님께서 그 부르짖음에 응답하셔서서
물을 터뜨려 내신다.
마치 "너의 목마름은 내가 채운단다.
그러니 애정 결핍을 가지고 다른 곳에서
사고치지 말고 내게로 나오거라"라고
삼손에게 말씀하시는 듯하다.

"부르짖는 자의 샘"이라는 이름의 '엔학고레'는
지금도 애정 결핍으로 허덕이며 목이 마른 자들을
부르시는 주님을 의미한다.

그러나 그다음 본문에
그 유명한 삼손과 들릴라의 이야기가 나온다.
삼손은 '엔학고레의 하나님'을 버리고
'들릴라'를 선택했다.

삼손은 들릴라에게 사랑받고 싶다.

그래서 자신의 욕망의 목마름을

그녀의 사랑으로 채우려 한다.

애석하게도 거기에는 함정이 있었다.

결국 그것이 그를 궁지로 몰아넣고

그의 삶을 파멸시키게 된다.

애정에 목마른 사람들이 범하는 가장 큰 실수는

눈앞에 있는 '평범한 진짜'는 몰라보고

저만치 떨어져 있는 '자극적인 가짜'에

더 빠져든다는 것이다.

#더 자극적인 가짜

첫째 딸이 7살 즈음이었다.
은율이가 물었다.
"아빠, 나 사랑해?"
"응, 당연하지!"
"왜 사랑해?"
"은율이가 아빠 딸이니까 사랑하지."

그것은 아이가 원하는 대답이 아니었다.
표정이 시무룩해졌다.
아이가 원하는 대답은
밥을 잘 먹어서, 숙제를 잘 해서,
책을 잘 읽어서, 얼굴이 예뻐서와
같은 거였다.

만일 이런 답을 해주었다면
아이는 활짝 웃으며 기분이 좋았을 것이다.
하지만 그건 정답이 아니다.

나는 내 딸이 우리 동네 아이들 중에

밥을 가장 잘 먹어서 사랑하는 게 아니다.
밥을 못 먹어도 사랑한다.

내 꼬맹이가 책을 잘 읽는 건 자랑스럽지만,
그것이 내가 딸을 사랑하는 본질은 아니다.
글자를 하나도 못 읽어도 나는 내 딸을 사랑할 것이다.

정답은 매우 덤덤하다.
정답은 심심하다.

그래서 우리는 정답보다 더 자극적인 가짜를 원한다.
삼손이 엔학고레의 하나님보다
들릴라에게 빠져들 듯이
우리도 '더 자극적인 가짜'를 좋아한다.

〈히든싱어〉라는 예능프로가 있다.
여러 개의 부스가 있다.
진짜 가수가 그중 하나의 부스에 들어가
노래를 부른다.
다른 부스에는 그 가수를 흉내내는 일반인들이
노래를 부른다.

이걸 왜 못 맞추겠냐고 처음엔 비웃지만,

노래를 듣다보면 사람들은 진짜 가수가 누구인지 못 맞춘다.

임재범보다 더 임재범 같은 사람이 있기 때문이다.

나중에 진짜와 가짜를 비교해보면

가짜는 진짜 가수의 특징을 교묘하게 더 과장한다.

그래서 우리는 가짜에 끌리게 된다.

반면에 진짜는 예상보다 더 담백하다.

덤덤하다.

그래서 우리는 더 자극적인 가짜에

끌리게 되는 것이다.

처음에 예수 그리스도를 만나면

구원의 기쁨과 환희로 내 영혼이 벅차오르게 된다.

그렇게 그리스도인이 되고 신앙생활을 시작해서

몇 년이 지난 어느 순간,

복음이 맹숭맹숭해지는 때가 오기 마련이다.

예수를 믿는 내 삶은 별 볼 일 없고 덤덤한데,

바깥 세상은 화려해 보인다.

주님께서 나 같은 죄인을 사랑하신다는 복음보다
'그래도 내가 세상에서 잘나가고
소유와 성취가 있어야 주님이 나를 통해
영광도 받으시고 나도 사랑해주시는 게 아닌가'라는
마음이 든다.
하다못해 교회에서 봉사와 섬김을 남다르게 해야
주님이 날 사랑해주실 것 같다.

당신도 만약 그렇다면 하나님께 직접 물어보라.

"하나님, 저 왜 사랑하세요?
그래도 제가 죄도 잘 안 짓고
교회 잘 다녀서 사랑하시는 거죠?
저는 헌금도 하고 봉사도 열심히 하잖아요.
이번에 회사에서 승진했고,
자녀교육도 잘 시켰어요.
제가 성경 구절도 많이 외우고,
양육 훈련도 다 받으니까 저를 사랑하시는 거죠?"

우리가 아직 죄인 되었을 때에
그리스도께서 우리를 위하여 죽으심으로

하나님께서 우리에 대한 자기의 사랑을 확증하셨느니라

로마서 5:8

하나님의 대답은

"네가 내 자식이니까 사랑하지"이다.

자녀라서 사랑하시는 것이다.

뭔가를 잘한다면 자랑스러울 수는 있겠으나

그것이 사랑의 조건은 아니다.

반대로 뭔가를 잘 못해도 큰 상관없다.

하나님은 우리를 자식으로 대하신다.

그러니 하나님 앞에서는

어깨에 힘을 주지 않아도 된다.

숨겨놓았던 초라한 모습을 드러내도 된다.

오히려 못난 모습으로 나아갈 때 알게 될 것이다.

'하나님이 날 무조건 사랑하시는구나!'

자, 이제 당신이 해야 할 일은

주전자 뚜껑을 내려놓는 것이다.

그리고 아버지의 품에 안기는 것이다.

#작고 초라해질 때 임하는 사랑

〈가을동화〉라는 드라마에
배우 원빈이 재벌 아들로 나왔다.
그는 세상 모든 걸 다 가졌으나
정작 사랑하는 여인의 사랑을 받지 못했다.
결국 이 재벌 아들은 이런 명대사를 남긴다.

"얼마면 되겠냐?"

남들보다 많은 것을 가진 사람은
때때로 사랑도 소유하려 든다.
여기에 비극이 있다.

그는 사랑을 잘 모른다.
사랑은 남들보다 힘이 있어야 받는 게 아니라
힘을 빼야 받는다는 걸 그는 모른다.

삼손도 마찬가지이다.
힘 센 삼손은 자기의 힘으로 사랑받고 싶었다.
누구도 이길 수 있었다.

누구도 꺾을 수 있었다.

모든 사람이 자기 앞에서 설설 기었다.

그것으로 사랑받고 싶었다.

다만 그 힘이 사랑에 방해가 된다는 걸 몰랐다.

우리는 알아야 한다.

내가 인정받는 것,

내가 무기로 삼는 것이

나를 사랑으로부터 멀어지게 할 수 있다.

'삼손'이라는 이름의 뜻은 "태양"이다.

그는 자신의 이름처럼 살았다.

사람들이 자신을 우러러보게 만들려 했다.

태양을 보려면 우러러봐야 한다.

태양은 지그시 바라볼 수 없다.

즉 태양은 우러러볼 수는 있어도

사랑할 수 없는 대상이다.

그렇게 높은 곳에서 빛나면 추앙받을 수는 있으나

사랑을 주고 받을 수는 없다.

사람들은 사랑받고 싶은 것과

추앙받고 싶은 것을 헷갈려 한다.

그러나 진정한 사랑은 추앙(인정)받는 것과 반대다.

어렸을 적 아빠는 세상에서 가장 강한 사람이다.

자식들은 그런 아빠가 자랑스럽고 든든하다.

그러나 시간이 한참 지나

나이 먹은 아빠의 어깨와 등은 굽어 있고 초라하다.

그런데 이때 비로소 아빠를 깊이 사랑하게 된다.

아빠에 대한 원망이 있던 사람도

용서하게 되고 화해하게 된다.

사랑은 압도적일 수 없다.

사랑하면 초라해진다.

사랑하면 왜소해진다.

하나님의 아들 예수 그리스도는 모든 영광을 버리고

이 낮고 낮은 땅으로 오셨다.

추앙받는 것이 아니라

당신의 백성들을 사랑하시고

그들에게 사랑받기로 결정하셨기 때문이다.

2천 년 전 로마의 황제와
예루살렘에 나귀를 타고 입성하시는 예수 그리스도는
너무나도 대조적이다.
로마의 황제는 군림하는 존재이고,
예수 그리스도는 사랑하러 오셨다.

인간은 신이 되려 하고
하나님은 사람으로 오셨다.
하나님은 우리를 사랑하러 오셨다.
하나님은 우리에게 사랑받으러 오셨다.

삼손은 무적의 사람이다.
져본 적이 없다.
이게 문제다.
사랑은 이기는 것이 아니다.
사랑은 지는 것이다.

2천 년 전 골고다 언덕에서는
하나님께서 사람에게 지셨다.

이것이 십자가이다.

세상은 지면 무능하다고 한다.
사랑을 몰라서 그렇다.
사랑하면 진다.
그는 밟히셨고,
배신당하셨고,
죽임당하셨다.
그리고 그 사랑으로 온 세상을 구원하셨다.

십자가는 자기 부인을 말한다.
우리를 힘들게 하려는 게 아니다.
하나님께서 먼저
우리를 사랑하시기 위해
자기를 부인하셨다.
그 십자가의 방식이
사랑의 방식이라고 말씀하시는 것이다.

자기를 부인하지 않고는 사랑할 수 없다.
자기를 부인하지 않고는 사랑받을 수 없다.
낮아지고, 왜소해지고, 초라해져야 사랑받을 수 있다.

할리우드 배우 중에 드웨인 존슨이라고 있다.

레슬러 출신으로 온몸이 근육질인 액션 배우이다.

그는 외모만 보아도 범접하기 힘들 정도로

위압감이 느껴진다.

길에서 마주친다면 눈을 쳐다보지 못할 것이다.

그런데 어느 날 인터넷에 사진이 떴다.

얼굴에 온통 우스꽝스러운 화장과

낙서가 되어 있었다.

아니 대체 누가 목숨을 걸고

이런 장난을 했단 말인가?

바로 그의 어린 딸이었다.

그 사진을 보며 느꼈다.

사랑하면 광대가 되는구나.

사랑하면 하인이 되는구나.

사랑하면 장난감이 되고

사랑하면 나무가 되는 거구나.

나는 이제 사랑받기 위해서

주전자 뚜껑을 내려놓고

십자가를 붙든다.

주님의 한없는 사랑이 나를 채우고 흘러넘친다.

나도 나 자신을 부인하고

나를 내어줄 수 있게 된다.

나를 놀려라.

나를 골탕먹어라.

나를 무시해라.

나를 밟아라.

내가 너를 사랑해주마.

주님이 그러셨듯이

2장

사랑은 추상적이지 않다

#사랑, 웃기시네

나는 청소년 시절
교회에서 말을 잘 듣는 편이 아니었다.
맨 뒤에서 장난치거나 가만히 있었다.
삐딱했다.

그런데 어느 날 전도사님이 설교하는데
"사랑하는 여러분"이라고 했다.
교회에서 사용하는 관용적인 인사 문구였다.
하지만 나는 반사적으로 반응했다.

뭐야? 언제 나를 사랑했어?
사랑하면 연락을 하든지,
찾아오든지, 같이 놀아주든지!

일주일 내내 무관심했으면서
왜 일요일만 되면 갑자기 사랑한다는 거야?

내가 느끼기에 교회에서 말하는 사랑은
너무나 추상적이고 관념적이었다.

질풍노도의 시기를 지나던 삐딱한 중딩이 보기에
교회에서 말하는 사랑은
전혀 와닿지 않고 말 뿐인 것 같았다.

나는 지루하고, 심심하고, 외로운데
내 삶에는 아무런 관심도 없으면서
교회에서만 사랑한다고 하는 것 같았다.

말로만 하는 사랑.
종교 문화적인 사랑.

교회에서 말하는 추상적인 사랑의 심각한 문제는
그 질문이 사랑의 근원지인
하나님에게까지 올라간다는 것에 있다.

그래서 나는 이렇게 생각했다.

교회에서 말하는 사랑이 추상적인 것을 보니
하나님도 그런 존재겠군.
하나님 역시 추상적이고 관념적인 존재일 거야.

하나님은 사랑이시라?

웃기시네!

#입만 열면 사랑 타령

사실 우리는 입만 열면 사랑 타령이다.
하지만 진실한 사랑을 찾아보기는 힘들다.

종교에는 추상적이고 관념적인 사랑이 있다.
"사랑하는 여러분"
(추상적이고 관념적인 사랑)

많은 유행가에 사랑이 나오지만
결국 몇 달 버티지 못한다.
(유통 기한이 짧은 변하는 사랑)

세상에는 자기 욕망을 위한 사랑이 있다.
모르는 전화가 와서 받으면 나를
"사랑합니다, 고객님"이라고 부른다.
(나를 이용하려는 사랑)

바닷물을 마시면 더 목마른 것처럼
우리는 '유사' 사랑들 속에 둘러싸여서 더 목마르다.

나는 교회의 사랑이 추상적이라며 비웃고
세상으로 뛰쳐나가 탕자처럼 방황하다가
완전히 바닥을 쳤다.

바로 그때 예수 그리스도께서 찾아오셨다.
예수 그리스도가 나를 사랑한다는 사실에
심장이 뛰기 시작했다.

그 사랑은 추상적이지 않았다.
그 사랑은 내 기도에 응답하셨다.
필요한 것들을 공급하셨다.
하나님의 사람들을 내게 보내셨다.

종교는 내게 관념적인 사랑을 알려줬지만
복음은 내게 그 사랑을 느끼게 해주었다.

손에 잡히는 것 같았고
품에 안긴 것 같았고
따스한 온기가 느껴졌다.
지식이 아니라 경험이었다.

나는 확신했다.

느꼈다.

맛보았다.

너희는 여호와의 선하심을 맛보아 알지어다

그에게 피하는 자는 복이 있도다

시편 34:8

아, 하나님이 날 사랑하시는구나!

예수님은 도망자 베드로와 요한을 찾아가신다.
그리고 그 유명한 대사를 남긴다.

"네가 나를 사랑하느냐?"

우리는 이 대사를 너무나 잘 안다.
그런데 이 대사를 하기 전에
예수님께서 베드로에게 어떤 행동을 하셨는지
볼 필요가 있다.

예수께서 이르시되

얘들아 너희에게 고기가 있느냐

대답하되 없나이다

이르시되 그물을 배 오른편에 던지라

그리하면 잡으리라 하시니

이에 던졌더니

물고기가 많아 그물을 들 수 없더라

요한복음 21:5-6

예수님이 물으신다.

"얘들아, 너희에게 고기가 있느냐?"

이것은 마치 엄마의 말투 같다.

"얘들아, 어째 고기가 좀 잡혔니?"

그런데 이 제자들은 배신자들이 아니던가?

예수님이 십자가에서 죽으실 때

도망간 녀석들이 아닌가.

대체 이 배신자들이 뭐가 이쁘다고

그렇게 친절하게 말씀하실까.

나 같았으면

"이 쌍놈들아! 배신자들아!

너희가 진노를 피할 줄 알았더냐"라고

하지 않았을까?

그런데 예수님은 그물을 배 오른편에 던지라고

친절하게 말씀하시고

물고기까지 많이 잡게 해주신다.

육지에 올라보니 숯불이 있는데

그 위에 생선이 놓였고 떡도 있더라

예수께서 이르시되

지금 잡은 생선을 좀 가져오라 하시니

시몬 베드로가 올라가서 그물을 육지에 끌어 올리니

가득히 찬 큰 물고기가 백쉰세 마리라

이같이 많으나 그물이 찢어지지 아니하였더라

예수께서 이르시되

와서 조반을 먹으라 하시니

제자들이 주님이신 줄 아는 고로

당신이 누구냐 감히 묻는 자가 없더라

예수께서 가셔서 떡을 가져다가

그들에게 주시고 생선도 그와 같이 하시니라

요한복음 21:9-13

예수님이라는 걸 알게 된 후 베드로는
배에서 바다로 뛰어내려 헤엄쳐 온다.
베드로가 육지에 올라보니
예수님이 숯불을 피워놓고
생선과 떡을 준비해놓으셨다.

예수님은 베드로에게

지금 잡은 생선을 가져오라고 하신다.

조반(아침밥)을 먹자고 하시는 걸 보니,

제자들이 방금 잡아 온 물고기도 구우셨을 것이다.

그리고 주님은 아마 이렇게 말했을 것이다.

"너희 엄청나게 잡았구나.

너희가 잡은 물고기, 진짜 맛있다."

그런데 예수님은 그들이 잡은 물고기의 창조자이다.

동시에 물고기를 잡게 해주신 분이다.

그런 분이 지금 그들이 잡은 물고기가

맛있다고 해주신다.

이것은 종교적이고 관념적인 사랑이 아니다.

3년간 함께 먹고, 마시고, 웃고, 울고,

아침에 도망자를 직접 찾아오셔서

아침밥을 직접 차려주신

예수님의 '느껴지는 사랑'이었다.

만져지고, 먹고, 온몸으로 와닿는 사랑이었다.

예수님은 아무런 자격 없는 배신자들을 찾아오셨다.

그들을 또다시 먹이고 섬겨주셨다.

그리고 물으신다.

"시몬아, 네가 나를 사랑하느냐?"

무슨 뜻인가?

"내가 널 얼마나 사랑하는지 너는 알지"라는 뜻이다.

이 사랑으로 인해 베드로는 위대한 사도가 된다.

예수 그리스도를 닮아가는 사람이 된다.

관념적인 사랑은 종교인을 만든다.

종교는 당신을 관념적 사랑의 영역으로 밀어 넣고

신앙을 개인적 영역에서 일어나는 마음의 문제로 본다.

그러나 온몸에 와닿고 새겨지는 사랑이

그리스도인을 만든다.

새로운 교회에 처음 가면 다 좋은 것 같다.

하지만 그 교회에 적응하고 나면

단점이 더 많이 보인다.

이 교회도 별수 없군.

사람들이 사랑이 없어.

목사님 설교가 안 맞는 거 같아.

더 좋은 교회를 찾아봐야겠어.

당신은 여전히 공허함을 달랠 길이 없다.

그러면서도 삶은 신앙과 별개라고 생각한다.

복음은 당신을 실제적 사랑의 영역으로 초대한다.

그래서 원치 않는 곳에 돈과 시간을 쓰게 될 수 있다.

그러나 기쁘다.

가슴이 벅차다.

깊은 감동이 있다.

내가 왜 존재하는지 의미를 깨닫게 된다.

내가 변화된 것처럼 내가 전달하는 사랑으로

삶이 변화되는 사람들을 보게 된다.

사랑하기 때문이고 사랑받기 때문이다.

이 사랑으로 일하시는 하나님께

더 쓰임받고 싶어진다.

#사랑은 실천이다

사랑은 실천이다.
사랑은 실행이다.

내 장점은 대답을 잘한다는 것이다.
내 단점은 대답만 잘한다는 것이다.
아내는 내가 말만 하는 것을 싫어한다.

나는 대답을 잘한다.
하지만 움직이지 않는다.
대답해놓고 시간을 번다.
시간을 지연한다.

"여보, 설거지 좀 도와주면 좋겠는데."
"알았어! 당연하지!"

"여보, 집 정리 좀 도와주면 좋겠는데."
"알았어! 당연하지!"

"여보, 애들이랑 좀 놀아주면 좋겠는데."

"알았어! 당연하지!"

그러고는 핸드폰을 본다.
우렁각시가 있었으면 좋겠다.

그가 우리를 위하여 목숨을 버리셨으니
우리가 이로써 사랑을 알고
우리도 형제들을 위하여
목숨을 버리는 것이 마땅하니라
누가 이 세상의 재물을 가지고
형제의 궁핍함을 보고도 도와줄 마음을 닫으면
하나님의 사랑이 어찌 그 속에 거하겠느냐
자녀들아 우리가 말과 혀로만 사랑하지 말고
행함과 진실함으로 하자

요한일서 3:16–18

말과 혀로만 사랑하지 말고
행함과 진실함으로 하자.

사랑은 행동이고 실천이다.
누가 사랑하는 사람인가?

남들보다 명철하게 문제점을 비판하는 사람이 아니다.

SNS에서 시대의 불의함을 한탄하는

'키보드 의인'이 아니다.

행함과 실천이 있는 사람이다.

예수님도 말씀하셨다.

"형제에게 물 한 그릇을 떠다주라."

이게 사랑이다.

"주님, 저 사람의 목마름을 해결해주세요"라고

기도만 하는 건 사랑이 아니다.

"도대체 누가 저 사람을 목마르게 한 것입니까?"라고

따지기만 하는 것도 사랑이 아니다.

그냥 물을 떠다주는 사람이 사랑하는 사람이다.

그 행동이 한 사람을 사랑으로 채운다.

그 실천이 세상을 사랑으로 채운다.

누군가 나의 연애에 대해 조언을 한다.

누군가 나의 취업에 대해 조언을 한다.

누군가 나의 인간관계에 대해 조언을 한다.

내가 기분 나빠 하면 이렇게 말한다.

"이게 다 너 잘되라고 하는 말이잖아."

조언을 하기 전에

사람을 소개해주고,

직장을 연결해주고,

외로울 때 불러서 밥이라도 사주는 게 사랑이다.

#밥과 물

어느 큰 교회 집회에 갔는데
의전팀에 있는 한 자매의 이야기를 듣게 되었다.
그녀는 39살에 교회에 처음 왔다고 했다.

헬스장 트레이너의 지속적인 권유와
전도 집회를 통해 교회에 처음 나왔는데
사람들이 반겨주고
아무것도 바라지 않으면서
친절하게 대해주는 게 의아했다고 한다.
그리고 이어서 이렇게 말했다.

"목사님, 전도 집회가 끝나고
교회 식당에 갔는데 불고기가 나왔어요!
그 불고기를 먹으면서 마음이 열렸어요."

내가 물었다.
"불고기가 뭐라고 마음이 열려요?"

자매가 대답했다.

"목사님, 교회 다니는 사람들은
받는 것에 익숙해서 잘 모르겠지만,
세상에서는 그 누구도
그냥 불고기를 주지 않아요."

당신이 교회다.
당신이 불고기를 주는 사람이 되면 된다.

당신이 교회다.
당신이 물을 떠다주면 된다.

당신이 친절과 대가 없는 섬김,
즉 은혜를 베풀면 된다.

교회에는 소비자가 있고, 손님이 있다.
또 교회의 정체성을 가진 사람이 있다.
이들 중 누가 교회를 사랑하는가?

찬양에 감격하는 사람이 아니다.
기도를 크게 하고, 눈물 흘리는 사람이 아니다.
설교에 감동을 받는 사람이 아니다.

그런 건 집회에 가도 된다.
그것으로 충족되지 않아 교회에 모인 것이 아닌가.

예수 그리스도 안에서 더 깊은 사랑으로 들어가
사랑을 나누기 위해 실험하고 몸부림쳐야 한다.

그리스도의 사랑이 우리에게서
오병이어처럼 나누어져
얼마나 놀라운 일이 일어나는가.
그 사랑에 나를 내걸어야 한다.

만약 모든 사람이 나처럼 신앙생활을 하면
우리 교회는 피상적인 종교집단이 될까?
아니면 복음과 사랑이 넘쳐흐르는 공동체가 될까?
한번 생각해보라.

누가 교회를 사랑하는 사람인가?
교회와 공동체를 위해 밥과 물을 주고,
돈과 시간을 쓰는 사람.
남들보다 일찍 와서 조명을 세팅하고
예배자를 기다리는 사람이다.

누군가를 챙겨주려고 하다가
카톡이 씹히는 사람들이 많아지기 바란다.
누군가를 챙겨주려고 자신의 돈과 시간을
헌신하는 사람들이 많아지기 바란다.

그 사랑이 우리에게서 흘러넘치면
메말라가는 사람들이 모이게 될 것이다.
그들이 그 사랑으로 채워지고 변화될 것이다.

#사랑하면 헌신하게 된다

예수님은 베드로와 요한과 제자들을 찾아오신다.
상처받은 분이 가해자를 찾아가셨다.
복수가 아닌 사랑을 주려고 가셨다.
그리고 먹을 것을 준비하시고, 기다리시고,
따뜻하게 맞아주셨다.
제자들은 아무 말도 하지 못한다.
뭐라 말해야 할지 감히 생각도 못한다.

그런데 주님이 물으신다.
"네가 나를 사랑하느냐?"
무슨 뜻인가.
"내가 너 사랑하는 거 알아?"라는 뜻이다.
차마 용서도 빌지 못하는 제자들에게
"그래도 날 사랑하지?"라고
먼저 손 내밀어주신 것이다.
그 사랑이 배신자들을 덮는다.

주님의 놀라운 사랑을 경험한 베드로는
이렇게 고백한다.

무엇보다 뜨겁게 서로 사랑할지니

사랑은 허다한 죄를 덮느니라

베드로전서 4:8

그 사랑이 실수와 실패를 덮는다.

그 사랑이 버림받아 죽어야 할 죄인을 살게 한다.

그 놀라운 사랑이 제자들로 하여금 숙는 자리까지

헌신하며 나아가게 만들었다.

사랑의 원인은 하나님의 은혜이다.

우리가 우리의 이웃을 사랑하는 목적은

그 사람도 나처럼 그 사랑에 감동하는 것이다.

율법은 의무까지다.

그러나 사랑은 감동까지 나아가게 한다.

청소년 사역할 때 한 학생이 자퇴하고

게임방에서 아르바이트를 했다.

그래서 난 수요일을 디데이로 잡고

그 학생을 찾아가기로 했다.

그날 밤 12시쯤 아파트 현관을 나서는데

비가 왔다. 그것도 꽤 많이 내렸다.

우산을 가지러 들어가다가 이런 생각이 들었다.

어차피 갔다 와서 씻고 잘 거 아닌가.

찾아갈 거면 차라리 비를 맞자.

원래 택시를 타려고 했는데

20분 정도 걸으며 이렇게 기도했다.

"주님, 이 녀석이 비를 맞고 홀딱 젖은

제 모습을 보고 마음이 열리게 해주세요.

비를 흠뻑 맞으며 자기를 찾아온 저를 보고

마음에 감동이 있게 해주세요."

게임방 현관이 열리자

"어서 오세요"라고 인사하는 녀석과

눈이 마주쳤다.

"어떻게 오셨어요?"

"네가 안 와서 내가 왔다. 밥은 먹었냐?"

"아니요. 못 먹었어요."

김밥과 떡볶이를 건네며 마지막으로 물었다.

"너라면 이렇게 비 내리는 밤에 나 보러 오겠냐?"

학생은 멋쩍은 듯 웃으며 대답했다.

"당연하죠!"

"웃기시네, 교회나 와라."

그 학생은 그 주에 친구 3명을 데리고 교회에 왔다.

사랑은 얼어붙은 마음을 녹인다.

닫혀 있던 마음을 연다.

사랑이 들어오면 그 마음은

겨울을 지나 봄을 맞이하게 된다.

사실 우리는 모두 알고 있다.

사랑에는 감동이 있다.

그것이 나를 주님께 무릎 꿇게 한다.

그것이 나를 주님을 따라가게 한다.

그 사랑이 나를 살게 한다.

우리는 그 사랑을 따라가고

흉내 내는 사람들이다.

3장

최악일 때 사랑은 찾아온다

#최악이야

수천 명 그리스도인이 모여서 집회를 하고 있다.
찬양팀이 마지막 곡을 부른다.
찬양이 끝나고 나서 설교하기 위해
나는 무대 옆에서 스탠바이 중이다.
의전하는 분이 속삭인다.
"목사님, 나가시죠."
"네"라고 대답하고 따라 걸어간다.

단상 위에 섰다.
수천 명의 눈길이 나를 바라보고 있다.
설교를 시작하려는데 태블릿이 안 보인다.
성경만 있다.
'왜 태블릿이 없지? 설교문이 거기에 있는데….'
순간 머리가 하얘진다.

수천 명이 들뜬 눈빛으로 나를 바라본다.
내가 무슨 설교를 하기로 했지?
무슨 말을 해야 하지?
기다리던 사람들의 눈빛이 무섭게 변하기 시작한다.

뭔가 함정에 빠진 것 같다.

"여러분, 미안해요, 잠깐 화장실 다녀오세요.
제가 설교문을 가방에 두고 온 것 같아요.
잠시만 기다려주세요"라고 말하고
도망가고 싶고, 뛰쳐나가고 싶다.

최악이다.
최악이다.
다행히 꿈이다.
나는 이런 악몽을 종종 꾼다.

당신이 상상할 수 있는 최악은 무엇인가?
내 이야기는 꿈이라서 다행이지만
사실 우리는 살아가면서 무엇을 상상하든지
그보다 더 끔찍한 최악을 경험하게 된다.
차라리 꿈이었으면 좋겠지만
직접 경험하든, 간접 경험하든
그 일은 실제로 일어난다.

삶이 가진 공포스러움이 바로 여기에 있다.
그래서 우리는 불안하고 두렵다.

내가 남들보다 더 비관적인 게 아니다.
삶 자체가 비극이다.

물론 삶에 대해 희망적으로 말하는 사람들을 본다.
유튜브에도 있고, 인스타에도 있고, 서점에도 있다.

이렇게 하면 된다.
이렇게 하면 이겨낼 수 있다.
믿으면 된다.
실패하지 않는 방법을 알려주겠다.
고통을 이겨내는 법.
어떤 절망도 돌파하는 믿음.

이런 것을 볼 때 때때로 부럽다.
저렇게까지 뇌 구조가 단순한 것은
특별한 은사이고 축복이다.

인생을 좌표로 놓고 보자.
가운데 0이 있고
좌우로 마이너스와 플러스 직선이 뻗어 있다.
마이너스는 삶의 부정적인 영역이다.

그것은 객관적이기도 하고 주관적이기도 하다.

플러스는 반대로 긍정적인 영역이다.

인생은 마이너스와 플러스 양쪽으로 모두 뻗어간다.

예수님을 믿는다고 마이너스 영역이

사라지는 것이 아니다.

믿음은 마이너스를 거세한 상태가 아니다.

종교적 명분을 가지고 정신 승리를 한다고 해서

사라질 것들이 아니다.

우리는 두렵고, 막막하다.

고통스럽고, 상처받는다.

우리는 나락에 떨어지고,

아직 덜 떨어졌고,

앞으로 더 떨어질 것이다.

그러다가 최악으로 가기도 한다.

삶에 마이너스 영역이 있기 때문에

사람들은 불안해한다.

사람들은 염려하고 걱정한다.

#나락에 떨어지다

때때로 나는 내 삶이
스카이워크를 걷는 것 같을 때가 있다.

아찔한 높이에 설치된
투명 바닥으로 된 다리 위를 걸어간다.
남들이 그 위에서 바들바들
떠는 것을 볼 때는 모른다.
그냥 몇 걸음 걸어갈 때까지도 괜찮다.
눈이 아래로 향하면 그때부터 아찔해진다.

두려움이 밀려온다.
떨어질 것 같다.
한 걸음을 내딛기도 벅차다.
실제로 떨어지는 건 아니다.
그러나 죽을 것 같다.

스카이워크가 그렇듯이
인생도 높이 올라갈수록 더 불안하다.
그나마 인생이 스카이워크 같으면 다행이다.

인생은 살얼음판이다.
얇은 막이 나를 지탱하고 있지만
나는 폭삭 무너질 것 같다.

내 밑은 나락이다.
내 밑은 죽음이다.

몇 년 전에 있었던 사건이다.
한 사람이 가족과 함께 동반자살을 했다.
이 사건이 많은 사람에게 충격을 준 이유는
그 사람에게는 10억짜리 집이 있고,
은행에 3억이 예금되어 있었기 때문이었다.

하지만 어떻게 그렇게 돈이 많은 사람이
스스로 죽을 수 있냐고 물을 필요는 없다.
모든 사람이 그렇듯이 그 사람 역시
자신의 밑은 죽음이라고 생각한 것이다.
우리가 무능해서 최악이 오는 게 아니다.

구약에서 가장 위대한 선지자를
꼽으라고 한다면 엘리야다.

그는 아합 왕 시대에 살았다.

아합 왕은 아내 이세벨과 함께

지독한 우상 숭배자였다.

선지자들을 죽이고 시대를 혼탁하게 만들었다.

하나님은 분노하셨고 비를 멈추셨다.

엘리야는 하나님의 사람을 대표하여

갈멜산에서

바알과 아세라 선지자들과

맞짱 뜨기로 한다.

종목은 제단을 쌓고 하늘에서 불 내리기.

약속을 잡고 산에 올라갔더니

상대는 850명이나 나왔다. 반칙이다.

이 정도 인원이면 한 사람이 꿀밤 한 대씩만 때려도

엘리야는 죽을 것이다.

그러나 엘리야는 담대하게 말한다.

"주께서 이스라엘의 하나님이신 것과

내가 주의 종인 것을 알게 하옵소서.

내게 응답하옵소서. 내게 응답하옵소서.”

그랬더니 불이 떨어진다.

그는 실로 위대한 승리를 거둔다.

하늘에서 불을 내린 선지자는

그 전에도 없었고 그 후에도 없었다.

여기서 엘리야에게 어울리는 수식어는

담대함, 용기, 위대함, 능력, 독보적인

같은 단어이다.

하지만 엘리야는 그 직후 바로 몰락한다.

이세벨이 죽이겠다고 하자

의욕을 상실한 무력한 패배자의 모습뿐이다.

번아웃이 왔다.

며칠 전의 영광은 사라지고

초라하고 비참한 모습이다.

하나님께 “차라리 날 죽이십시오”라고 말한다.

상황도 최악일뿐더러 그 상황 속에 있는

그의 모습도 최악이다.

이 정도가 되면 우리는 스스로 포기한다.
난 끝났어. 내가 뭘 할 수 있겠어.
더 이상 아무것도 할 수 있는 게 없어.

여기에서 엘리야에게 어울리는 수식어는
초라한, 자포자기, 절망적인, 비참한, 죽고 싶음
같은 단어이다.

자기 자신은 광야로 들어가 하룻길쯤 가서
한 로뎀 나무 아래에 앉아서
자기가 죽기를 원하여 이르되
여호와여 넉넉하오니 지금 내 생명을 거두시옵소서
나는 내 조상들보다 낫지 못하니이다 하고
로뎀 나무 아래에 누워 자더니
천사가 그를 어루만지며
그에게 이르되 일어나서 먹으라 하는지라

열왕기상 19:4-5

광야에서 잠든 엘리야를 누군가 흔들어 깨운다.
하나님은 그를 어루만지신다.

일으키신다.
먹이신다.

그리고 이제 충분히 쉬었으니 어서 가서 일하라고
잔소리하지 않고 또 자게 내버려두신다.

너의 버거움과 고단함을 내가 다 알고 있다는 듯
또다시 어루만지고 일으키고 먹이신다.

이것은 어릴 적 몸살에 걸렸을 때
기절하듯 쓰러져 있는 내게
엄마가 하신 행동이기도 하다.

어루만지고 일으키고 먹이신다.

엘리야는 지금 최악이다.
하나님은 그 최악의 엘리야를 사랑하신다.

사람의 입장에서 보면
성경은 하나님을 벗어난 사람이
어디까지 가느냐에 대한 이야기라고 볼 수 있다.

모세는 사고를 치고 광야로 도망간다.
요나는 하나님을 피해 배를 타고 도망간다.
심지어 바다로 뛰어든다.
베드로는 예수님을 부인하고 도망간다.
탕자는 아버지를 버리고 도망간다.

성경은 성공담이 아니다.
도망자, 패배자, 최악의 자리로 밀려난
사람들의 이야기이다.
그리고 자신의 세계 끝에서 아무것도 남지 않았을 때
거기서 그들은 하나님의 사랑을 발견하게 되었다.

아무도 모세를 돌아보지 않을 때
거기에 하나님의 사랑이 있었다.
"하나님, 저는 아무것도 아닙니다."

요나가 바닷속 깊은 물고기 배 속에 있을 때
거기에 하나님의 사랑이 있었다.
"하나님, 이 물고기 배 속에는 아무것도 없습니다."

베드로가 도망갔을 때
거기에 예수님의 사랑이 있었다.
"주님, 밤새 그물을 던졌지만
아무것도 잡지 못했습니다."

탕자가 끝까지 갔을 때
거기에 아버지의 사랑이 있었다.
"아버지, 먹을 게 아무것도 없었습니다."

아무것도 없는 최악의 자리에
하나님의 사랑이 있었다.

그러니 믿음은 사실 항복인 것이다.
도망칠 수가 없다.
어디로 가든 거기까지 좇아오신다.

내가 주의 영을 떠나 어디로 가며

주의 앞에서 어디로 피하리이까

내가 하늘에 올라갈지라도 거기 계시며

스올에 내 자리를 펼지라도 거기 계시니이다

내가 새벽 날개를 치며 바다 끝에 가서 거주할지라도

거기서도 주의 손이 나를 인도하시며

주의 오른손이 나를 붙드시리이다

시편 139:7-10

아무것도 없는 최악의 자리에
하나님의 사랑이 있다.

세계적인 부호로 유명한 워런 버핏과 식사를 하려면
한 끼 식사에 수억을 내야 한다.
그렇다면 하나님의 아들이신 예수님을 만나기 위해
필요한 조건은 무엇일까?

문둥병자는 죽을 날을 기다리고 있었다.
38년 된 중풍병자는 답 없어 그저 누워 있었다.
간음하다 잡힌 여자는 돌에 맞아 죽어야 했다.
예수 그리스도를 만난 사람들은
다들 하나같이 최악의 사람들이고,
최악의 상황에 있었다.
지푸라기라도 잡고 싶은데 그것마저 없었다.

그런데 잡히는 게 없는 그 허망한 빈손을
주님께서 잡아주셨다.
썩어 문드러진 문둥병자의 빈손을 잡아주셨다.
38년간 움직이지 못한, 나무토막같이 메마른
중풍병자의 빈손을 잡아주셨다.
모랫바닥에 팽개쳐진 채 돌을 든 성난 군중 앞에서

공포에 질려 바들바들 떨고 있는
간음한 여인의 빈손을 잡아주셨다.

그러나 사람들은 자신들의 손으로
이 땅에 오신 하나님의 아들을 십자가에 매달았다.
뺨을 후려치고, 벌거벗기고, 침을 뱉고, 조롱했다.
하나님의 아들은 무력하게 십자가에서 죽임당했다.

골고다, 죽음의 골짜기에
십자가가 세워졌다.
최악이다.

무덤에 갇히고 돌문이 닫힌다.
최악이다.

제자들은 모두 도망갔다.
최악이다.

그러나 그 최악의 자리에서
예수 그리스도는 부활하셨다.
무덤이 열렸다.

주님이 제자들을 찾아오셨다.

사랑으로 회복시키셨다.

최악은 생명으로 바뀌었다.

당신의 최악의 자리에 십자가가 꽂혀 있다.

이것이 우리의 소망이다.

당신의 인생에 어떤 최악의 상황이 벌어지든지

영원한 생명, 그 영원한 사랑이 거기에 있다.

나의 최악의 자리에는

십자가가 꽂혀 있다.

#'때문에'가 아니라 '까지'의 사랑

하나님의 사랑은 '때문에'가 아니라
'까지'의 사랑이다.
세상은 '때문에'의 사랑이다.
누군가의 필요조건을 충족시키거나
좋은 요건이 있어야 사랑받는다.

이것은 사랑을 받으면서도
동시에 우리를 불안하게 만든다.
이 사랑의 조건들을 상실할까봐 두려워진다.

그러나 복음은 우리가 최악일 때 찾아온 사랑이다.
모두가 나를 떠났을 때
모두가 나를 외면할 때
세상에 내동댕이쳐졌을 때
그때 찾아온 사랑이다.

우리가 아직 죄인 되었을 때에
그리스도께서 우리를 위하여 죽으심으로
하나님께서 우리에 대한

자기의 사랑을 확증하셨느니라

로마서 5:8

복음은 형편없을 때
사랑스럽지 않을 때 찾아온다.
주님은 그런 모습'까지' 사랑하신다.
거기'까지' 나를 사랑하신다.

홀로 내버려졌을 때도
나를 사랑하셔서 거기'까지' 찾아오신다.
나'까지', 나 같은 죄인'까지' 주님께서
그 사랑을 들고 찾아오셨다.

내 인생의 최악의 자리에는
늘 십자가의 사랑이 있었다.

군대에 가서 십자가를 보며 쌍욕을 할 때
나를 찾아오셨다.

신학대학원 시험에 떨어지고
나는 사역할 자격이 없다고 자책할 때

나를 찾아오셨다.

내가 야심 차게 시작한 사역이 망해서
문을 닫았을 때도
주님은 나를 찾아오셨다.

30대 후반에 겪은 고통으로
내 삶이 산산조각났을 때
하나님은 그때도 나를 찾아오셔서
사랑한다고 말씀하셨다.

나는 믿는다.
최악의 자리에 십자가가 있다.
거기까지 나를 사랑하신다.

그러니 내가 최악이더라도 괜찮다.
거기에 사랑이 있다.
거기에서 사랑을 알게 될 것이다.
그 사랑이 얼마나
크고 깊고 넓은지 알게 될 것이다.

주 우리 하나님과 같은 이가 어디에 있으랴?

높은 곳에 계시지만

스스로 낮추셔서, 하늘과 땅을 두루 살피시고,

가난한 사람을 티끌에서 일으키시며

궁핍한 사람을 거름더미에서 들어올리셔서,

귀한 이들과 한자리에 앉게 하시며

백성의 귀한 이들과 함께 앉게 하시고,

아이를 낳지 못하는 여인조차도

한 집에서 떳떳하게 살게 하시며,

많은 아이들을 거느리고

즐거워하는 어머니가 되게 하신다.

할렐루야.

시편 113:5-9 새번역

4장

철들게 하는 사랑

예전에 나온 유행가 중에
지오디의 〈어머님께〉가 있다.
거기에 아주 유명한 대목이 나온다.

어머님은 자장면이 싫다고 하셨어
어머님은 자장면이 싫다고 하셨어

그 노래를 들으면
영화의 한 장면이 눈앞에 그려지는 것 같다.

가난한 환경 속에서
엄마와 단둘이 살아가는 어린 아들은
더 이상 라면을 먹기가 싫어서 엄마를 조른다.
"나도 친구들처럼 자장면이 먹고 싶단 말이야!"

엄마는 장롱에서 꾸깃꾸깃한 지폐 몇 장을 꺼내어
아들의 손을 잡고 중국집에 간다.
사람은 둘인데 자장면은 하나만 시킨다.
음식이 나오자 엄마는 자장면을 비벼서

아들에게 넘겨준다.

아들은 처음 먹는 자장면에 몰입한다.
그러다가 아무것도 먹지 않는 엄마에게 묻는다.

"엄마, 왜 안 먹어?"
"엄마는 자장면 싫어해."

아들은 '엄마는 자장면을 싫어하는구나'라고 생각하고
다시 자장면에 코를 박고 허겁지겁 먹는다.
엄마는 아들이 먹는 것을 보는 것만으로 배부르다는
흐뭇하고 만족스러운 표정이다.

그리고 입가에 검정 자장이 묻은 아들의 손을 잡고
집에 가서 찬밥을 꺼내 먹게 될 것이다.

아들은 엄마가 자장면을 싫어하는 줄 알았다.
자기만 자장면을 좋아하는 줄 알았다.

나중에 나이가 들고 보니
어머니는 자장면을 싫어하는 게 아니라

아들을 사랑하는 것이었다.

철이 들고서야 어머니를 이해하게 된다.

만약 이 노랫말을 읽고

'아, 그 엄마는 자장면을 싫어하고

짬뽕을 좋아하시는구나'라고 생각하는 사람이 있다면

그 역시 철이 없는 사람이다.

철이 없다는 말을 사전적으로 보면

사리 분별을 못하고 판단력이 없다는 뜻이다.

이렇게 철이 없는 사람을 '철부지'라고 한다.

성경에서 철부지 하면 떠오르는 사람이 있다.

바로 요셉이다.

우선 요셉은 엄마가 네 명이다.

여기부터 느낌이 비극적이지 않은가.

그런데 친엄마는 동생 베냐민을 낳다가 죽게 된다.

즉 친엄마는 안 계시고 새엄마만 세 명이다.

게다가 배다른 형이 위로 열 명,

그리고 막둥이가 있다.

상황적으로 악조건인데 더 심각한 문제가 있다.

요셉에게 눈치가 없다는 것이다.

요셉처럼 눈치가 없으면

사회생활이 가능한지 심각하게 생각해봐야 한다.

얼른 군대라도 보내야 한다.

성경이 말하는 요셉에 대한

첫 번째 기록은 이것이다.

야곱의 족보는 이러하니라

요셉이 십칠 세의 소년으로서

그의 형들과 함께 양을 칠 때에

그의 아버지의 아내들 빌하와 실바의 아들들과

더불어 함께 있었더니

그가 그들의 잘못을 아버지에게 말하더라

창세기 37:2

성경이 기록하는 17세 요셉은 고자질쟁이였다.

눈치 없는 고자질쟁이는

어느 날 형들에게 자기가 꾼 꿈 이야기를 한다.

그 꿈의 내용은 형들과 아버지가

자신에게 절한다는 것이었다.

이런 불길한 꿈을 군이 왜 말하고 싶었을까?
나는 남동생이 있다.
친동생이고 너무나 사랑하지만,
돌이켜보건대 나는 살면서 단 한 번도
동생의 꿈이 궁금했던 적이 없다.
청소년 시기에 동생이 내게 다가와
"형, 나 꿈꿨어"라고 말을 건넨다면
나의 대답은 오직 하나였을 것이다.
"꺼져, 개꿈이야!"

요셉이 그들에게 이르되
청하건대 내가 꾼 꿈을 들으시오

요셉은 형들에게 지난밤 자신의 꿈을
주저리주저리 떠든다.
들어준 형들에게 경의를 표하는 바이다.
그런데 내용은 더 가관이다.

"꿈에서 아버지와 형들과 형들의 어머니가
나에게 절했어."
이 정도면 '구타 유발'이라고 봐야 한다.
게다가 엄마를 걸고넘어지다니 반칙이다.
이 정도면 범죄 수준이다.

이 이야기를 들으면서
형들의 표정이 얼마나 일그러졌겠는가.

그러나 요셉은 눈치가 없다.
철이 없기 때문이다.
철이 없으면 자기만 보인다.
상대의 표정이 보이지 않는다.
상대가 어떤 상황에 있는지,
어떤 마음일지 헤아리지 못한다.
나만 보인다.

철이 없는 사람은 나만 보인다.
잘되면 '잘되는 나'만 보인다.
반대로 힘들면 '힘든 나'만 보인다.

그러니까 요셉은 혼자서 색동옷을 입고

해맑은 표정으로 거적때기 입고

양 치는 형들에게 갈 수 있는 것이다.

요셉에게는 형들이 안 보인다.

요셉의 눈에는 형들이 보이지 않는다.

배려 없이 함부로 행동하는 사람을 향해

안하무인이라고 한다.

그 사람 눈에는 다른 사람이 안 보인다는 뜻이다.

철이 없는 사람은 자기만 보인다.

다른 사람이 보이지 않는다.

#하나님의 사랑이 철들게 한다

철부지인 요셉은
이후 오랜 고통의 시간을 겪게 된다.

아무리 철부지라 해도
그에게 닥친 고통은 가혹했다.
그는 형들로부터 죽임을 당할 뻔했다.
결국 노예로 팔려 간다.
노예로 지내다가 누명을 쓰고 감옥에 들어간다.

고통은 연거푸 온다.
나락 밑에 나락이 있다.
그는 점점 더 최악으로 밀려가는 듯하다.

꿈을 품었지만 눈치 없던 어린 요셉과
강대국이었던 애굽의 총리가 된 요셉 사이에는
말할 수 없는 고통과 절망의 시간이 있다.
그 이야기가 창세기 39장에 걸쳐 나타나 있다.
그런데 여기서 계속 등장하는 문구가 있다.

여호와께서 요셉과 함께하시므로

그가 형통한 자가 되어

그의 주인 애굽 사람의 집에 있으니

그의 주인이 여호와께서 그와 함께하심을 보며

또 여호와께서 그의 범사에

형통하게 하심을 보았더라

창세기 39:2-3

이에 요셉의 주인이 그를 잡아 옥에 가두니

그 옥은 왕의 죄수를 가두는 곳이었더라

요셉이 옥에 갇혔으나

여호와께서 요셉과 함께하시고

그에게 인자를 더하사

간수장에게 은혜를 받게 하시매

간수장이 옥중 죄수를 다 요셉의 손에 맡기므로

그 제반 사무를 요셉이 처리하고

간수장은 그의 손에 맡긴 것을 무엇이든지

살펴보지 아니하였으니

이는 여호와께서 요셉과 함께하심이라

여호와께서 그를 범사에 형통하게 하셨더라

창세기 39:20-23

여호와께서 요셉과 함께하셨다.

"여호와께서 요셉과 함께하심으로"라는 구절이
창세기 39장에만 4번 나온다.
그런데 창세기 39장에 무슨 내용이 있는가?
참혹하고 고통스러운 노예의 시간과 감옥의 시간이다.

요셉이 꿈꾸는 고자질쟁이였을 때는 그 구절이 없다.
심지어 총리가 된 다음에도 없다.

고통과 상실의 시간 속에서
하나님께서 요셉과 함께하신다.
요셉은 정말이지 하나님밖에 없다.

하나님께서 요셉이 노예일 때
지키시고 붙드셨다.
넘어질 때 일으키셨다.
마음을 만지고 위로하셨다.
그의 눈물을 닦아주셨다.
아무도 사랑해주지 않는 죄수 요셉을
하나님이 사랑하셨다.

그에게는 고통과 하나님의 사랑이 있다.

이 둘 사이에서 요셉은 철들기 시작한다.

고통만 있으면 사람은 삐뚤어진다.

반면 사랑만 있으면 철부지가 된다.

그러나 고통 속에서 함께하시는

하나님의 사랑이 우리를 철들게 한다.

고통 속에서 함께하시는 사랑으로 인해

우리는 주님의 마음을 품고

그 마음을 읽어내는 성숙한 자녀가 되어 간다.

#다른 사람의 자아프가 보이는 사람

요셉은 누명을 쓰고 들어간 감옥에서
다시 기운을 차린다.
감옥에 들어가자마자 자신을 향한
감옥에서의 소명을 깨달았다는 뜻이 아니다.
신앙을 판타지로 접근하면 안 된다.

그는 필경 좌절했을 것이다.
죽고 싶었을 것이다.
무너졌을 것이다.
그러나 그것으로 끝나지 않는다.

대부분 느끼지 못하지만
어떤 날에는 위로와 격려가 느껴진다.
그러는 가운데서도 하나님이
요셉을 한 눈금씩 일으키신다.

믿음은 충만한 희열로 올 때도 있지만
그렇지 않을 때도 하나님은
우리를 지키고 보호하신다.

무심코 뿌려놓은 씨가

알지 못하는 사이에 뿌리를 내리고 자라듯

하나님은 우리를 인도하신다.

그렇게 요셉은 고통 속에서

하나님의 사랑과 함께하고 있다.

어느 날 감옥에 신입들이 들어온다.

요셉은 술 맡은 관원장과

떡 맡은 관원장의 얼굴에 있는 근심의 빛을 읽는다.

아침에 요셉이 들어가 보니

그들에게 근심의 빛이 있는지라

창세기 40:6

여기서 근심의 빛은 원어로 '자아프'다.

자아프는 "슬프다, 괴로워하다,

침울한 감정으로 초췌한 상태"를 의미한다.

놀랍게도 감옥에서 요셉은

다른 죄수의 표정을 보고 있다.

'감옥이니까 슬프지, 감옥이 괴롭지,

감옥이 다 초췌하지'라고 생각할 수 있다.

그러나 이제 미세하고 세밀한 표정까지 읽어낸다.
무시하지 않고 모른 척 외면하지 않는다.
그는 다가간다.
그리고 묻는다.

요셉이 그 주인의 집에
자기와 함께 갇힌 바로의 신하들에게 묻되
어찌하여 오늘 당신들의 얼굴에
근심의 빛이 있나이까

창세기 40:7

하나님의 사랑이 부어지면
철이 들기 시작한다.
철이 없을 때는 자기 자신만 보였는데,
철이 들자 다른 사람의 '자아프'가 보인다.
감옥에서도 '자아프'가 보인다.

사랑하면 눈에 콩깍지가 씌었다고 한다.
아니다. 봐야 할 것이 제대로 보이는 것이다.
사랑이 없으면 안 보이던 것들이
사랑해서 보이는 것이다.

다른 사람이 보이기 시작한다.
아쉬운 눈빛을 읽기 시작한다.
다가가 손을 내밀기 시작한다.

"철이 든다"는 말에서 '철'은 계절을 말한다.
우리나라는 사계절 중 한 철에만 결실이 있다.
철이 들었다는 것은 결실의 계절이 왔다는 것이다.
하나님의 사랑으로 철이 들고
다른 사람이 보이기 시작하면
비로소 열매가 맺히게 된다.

어느 날 저녁 갑자기 청년 몇이
치킨이 먹고 싶다고 나에게 연락했다.
어쩌다보니 10명 가까이 모이는 번개모임이 되었다.

즐겁게 치킨을 먹다가 갑자기 나는
"당신이 생각하는 이상적인 교회는
어떤 교회입니까?"라고
한 명 한 명 돌아가며 물었다.

퇴근길에 담임목사를 불러내면 치킨을 앞에 두고
부담스러운 질문을 한다는 사실을 명심하기 바란다.

한 자매가 대답했다.
"그전에 다니던 교회에서
제가 너무 좋아하던 모임이 있었어요.
모두 그 모임을 좋아하고 사랑했어요."

나는 속으로 궁금했다.
'도대체 어떤 모임이길래?
기도 모임? 제자훈련? 리더 모임?'

자매는 '아눈' 모임이라고 말했다.
'아눈'이 뭐냐고 묻자 이렇게 대답했다.

"'아눈'은 아쉬운 눈빛의 줄임말이에요.

어, 저 사람 눈빛이 아쉬워 보이는데
뭔가 그냥 가기 주저하는 것 같은데
뭔가 힘들어하는 것 같은데
같이 모이고 싶어 하는 것 같은데….

예배가 끝나고 흩어질 때
누군가 아쉬운 눈빛을 하면
몇 명이든 모여서 '아눈' 모임을 통해
밥도 먹고, 자전거도 타고,
기도 제목도 나누고,
성경도 읽고 그랬어요.

중요한 건 서로의 아쉬운 눈빛을 읽는 거예요.
너, 지금 뭔가 아쉬운 눈빛이야. 같이 가자!"

천국은 서로의 아쉬운 눈빛을
읽는 사람들로 가득할 것이다.
그곳에는 아쉬운 마음으로
집에 돌아가는 사람이
한 명도 없을 것이다.

#숨은 자아프가 보이는 사람

집에 보일러가 고장이 났었다.
우리 교회에서 사경회를 하는 첫날이어서
차를 타고 가던 중
아내가 수리기사님과 통화로 이야기를 나눴다.
수리기사님이 처음에는 별거 아니라는 듯
"퓨즈 바꾸고 구동기 바꾸면 됩니다"라고 했다.

그런데 두어 시간 후 통화하는데
통화가 길어지고, 아내의 표정이 안 좋았다.
퓨즈 바꾸고 구동기 바꿨는데,
수리기사님이 나가자마자
보일러가 또 꺼졌다는 것이다.

아내가 다시 전화해서
보일러가 또 나간 것 같다고 말하니까
수리기사님이 버럭 소리를 지르며
나보고 어떡하라는 말이냐며 화를 내더란다.

아내는 수리기사님께 정중히 말했다.

"책임을 묻는 게 아니라 저희가 비용을 드릴 테니

다시 와서 봐달라는 거예요."

수리기사님이 머쓱한지

"난 다시는 못합니다"라며

재료비를 빼고 돈을 환불해줬다.

사경회를 마치고 집에 돌아가는데

아내가 내게 말했다.

"여보, 돈을 돌려줘야겠어."

"왜? 본인이 그렇게 하겠다고 한 거잖아."

"아까 사경회 때 은혜가 컸거든.

처음에는 너무 기분이 상했는데

은혜받은 지금은 마음이 바뀌었어.

생각해보니 수리기사님도 집까지 와서

몇 시간씩 수리하다가 안 된 거거든.

아무래도 그 분은 또 고장 났으니까

와서 책임지라는 식의 일들을 많이 당했겠지.

아무래도 내가 한 말을 오해하고

과거의 상처로 반응한 것 같더라고.

그런데 나까지 환불을 받으면 상처가 더 커지겠지.

통화해보니 나쁜 사람 같지는 않더라고

그래서 돈을 돌려주려고."

처음에 아내는 수리기사님의 분노에 상처받았으나
은혜를 통해 치유되었을 뿐만 아니라
한 발 더 나아갈 수 있게 되었다.

사랑은 상대 속에 숨어 있는 '자아프'를 읽어내게 한다.
예수님은 상처와 분노로 위장된 사람들 속에
숨겨진 '자아프'를 읽어내신다.

사마리아 여인의 모난 모습 뒤에
숨은 '자아프'를 읽어내신다.
날 차라리 죽여달라고 말하는 엘리야의
숨은 '자아프'를 읽어내신다.
배신하고 나서 어쩔 줄 모르는 베드로의
숨은 '자아프'를 읽어내신다.

"네가 나를 사랑하느냐?"

베드로는 그 사랑으로 철이 든다.
그는 이렇게 말한다.

전에는 몰라서 하고 싶은 대로 악한 일을 저질렀지만,

이제는 하나님께 순종하는 자녀로서

예전처럼 살아서는 안 되는 것입니다.

여러분을 불러주신 하나님께서 거룩하신 것처럼

여러분도 모든 행동에 거룩한 사람이 되십시오.

여러분은 진리에 순종하여 자신을 깨끗하게 하였고,

진심으로 형제를 사랑할 수 있는

마음을 갖게 되었으니,

이제는 온 맘으로 서로 깊이 사랑하십시오.

베드로전서 1:14-15,22 쉬운성경

5장

쎈 척 안 해도 돼

#상처 입을 용기

내가 어렸을 때는
어느 소년이 한 소녀를 좋아하면
소녀가 놀고 있는 고무줄을 끊었다.
좋아한다는 뜻이었다.

그리고 좋아하는 소녀를
짓궂은 별명으로 부르며 놀리고 괴롭혔다.
좋아한다는 뜻이었다.

한 소년에 의해 괴롭힘을 받는 소녀를 향해
주변에서 이렇게 말했다.

"쟤가 너 좋아해서 그런 거야."

만약 그 소년이 소녀에게 다가가서
사실대로 좋아한다고 고백하면 어떻게 되었을까?
주변 친구들에게 "얼레리 꼴레리"라며
놀림을 당하게 될 것이다.

그 놀림은 견딜 수 있다.
더 두려운 것은 "난 널 좋아하지 않아"라고
거절당하는 것이다.

사랑에는 두려움이 따른다.
사랑을 고백하려면 이것들을 넘어갈 용기가 필요하다.
거절당할 용기.
놀림당할 용기.
이 용기 없이는 고백할 수 없다.

그러니 용기가 없는 소년이 할 수 있는 것은
자신이 가장 좋아하는 사람을 놀리는 것이다.
자기가 피해당하기 두려우니까
먼저 공격하는 것이다.
우리는 이것을 '비겁함'이라고 말한다.

"나 사실 네가 좋아"라고 말하지 못하는
비겁한 소년들은 모두 사랑하는 소녀의
고무줄을 끊어댄다.

그러니 "난 당신이 좋아요"라는 고백에는

주변에서 내게 뭐라고 하든 신경 쓰지 않겠다,
비록 당신이 거절하더라도 난 그것을 받아들이겠다는
엄청난 용기가 담겨 있다고 볼 수 있다.

자신의 감정에 대한 순수한 용기가
모든 저항을 압도한 것이다.

"용감한 자가 미인을 차지한다."
여기서 말하는 미인이 다른 여자보다
더 예쁜 여자인지는 잘 모르겠다.

분명한 것은 그의 용기가
세상에서 자기 자신에게 가장 예쁜 여인에게
고백하게 만들었다는 것이다.

그러니 그는 사랑에 빠질 자격이 있다.

#약함을 드러내야 연결된다

우리는 누군가와 연결되기를 원한다.
이것은 사람이 가진 매우 근원적인 욕구일 것이다.

그런데 연결에 필요한 용기가 없으면
우리는 수치심에 의해 움직인다.
자신의 취약성이 드러나기를 원하지 않는다.
즉 약한 모습을 보이고 싶어 하지 않는다.
그래서 더 억지로 강한 척을 한다.
공격을 당하기 전에 먼저 공격하기로 마음먹는다.

부모와 자녀,
"그래서 너 지금 아빠(엄마)한테 말대답하는 거야?"

부부,
"여보, 당신만 일해? 난 뭐 하루 종일 놀아?"

직장,
"자기가 일을 이상하게 해놓고 왜 나한테 성질이야?"

친구,
"아주 혼자 잘났네, 너 그거 진짜 별로야."

미국의 대중심리학자인 브레네 브라운은
누군가와 진정으로 연결되기를 원한다면
자신의 취약성을 드러내야 한다고 한다.

나는 사랑이 필요한 존재이다.
나는 어딘가 상처받고 찢어졌다.
나는 틀리고 어리석다.
나는 부족하고 생각보다 약한 사람이다.

이것을 솔직히 드러낼 때 비로소 연결된다.
이것을 드러내는 것은 용기 있는 것이다.
누군가와 더 깊이 있게 연결되려면
이 용기가 필요하다.

이때 우리는 이렇게 말할 수 있게 된다.

부모와 자녀,
"그러게, 아빠가 틀렸네."

부부,

"여보, 나 오늘 당신의 위로가 필요해."

직장,

"제 잘못입니다. 당신이 옳은 것 같아요."

친구,

"우와! 너 진짜 잘한다. 난 잘 못 하거든."

누군가와 진정으로 연결되기를 원한다면

자신의 취약성을 드러내야 한다.

그때 비로소 내가 원하던 진정한 연결이 이루어진다.

관계라는 것이 늘 그렇다.

지기 싫어서 쎈 척하면 사람들이 모두 떠나간다.

그런데 약함을 드러내면

나에게 손길을 내밀어주는 사람과

깊은 유대감을 경험하게 된다.

#수로보니게 여인

마가복음 7장에 보면 한 여인이 예수님을 찾아온다.
그녀는 수로보니게 여인이다.
'수로보니게'라는 단어는 그녀에 대한
여러 가지 정보를 알려준다.
먼저 그녀는 수리아(시리아)에 사는 헬라인이었다.
헬라인이란 당시 그리스 로마 사회에서
지성(학벌)을 갖춘 사람이었다는 뜻이다.
또한 그녀는 장사에 능통한 페니키아 사람이었다.

쉽게 정리해서 말하자면
그녀는 학식을 갖춘 귀족이고 재력이 있다.
그러나 이방인이다.

이 여인의 딸이 더러운 귀신에 들렸고
여인이 소문을 듣고 예수님을 찾아온 것이다.
아마 그 근방에서는 유명했을 것이다.
"혹시 그 얘기 들었어?
저 사람, 집도 부자고 딸도 멀쩡하게 생겼는데
글쎄, 딸이 귀신 들렸대."

비슷한 사건으로는

회당장 야이로가 딸을 고쳐달라고 온 사건이 있다.

그때는 딸의 아버지가 찾아왔고

이번에는 딸의 어머니가 왔다.

어쩌면 그녀는 남자의 보호를 받지 못하는

과부였을 수도 있겠다.

만약 이 여인에 대해서

예수님께서 아무것도 묻지 않고

은근슬쩍 딸을 고쳐줬다고 상상해보자.

군중에 있던 수로보니게 여인에게

예수님께서 먼저 다가가 귓속말로 속삭인다.

"너, 괜히 이방인이라는 걸 드러내지 마.

바리새인들이 알면 서로 피곤해져.

그리고 남편이 있는 척하고 헬라어 쓰지 마.

괜히 티 내면 서로 피곤하고 어려워지잖아.

딸이 귀신 들렸다는 말도 하지 마.

너무 부정적이야. 그럴싸한 표현을 쓰자.

다중인격장애 어때?"

하지만 예수님은 그렇게 하지 않으셨다.

예수님의 목적은 딸이 낫는 것 정도가 아니었다.

예수님의 목적은 딸에게서 귀신이 나가는 것이 아니었다.

예수님은 수로보니게 여인의 가족이 구원을 얻고,

하나님나라 공동체로 깊숙이 들어오는 것까지 원하셨다.

이것이 주님의 목적이었다.

그러려면 해결해야 할 장애물이 있었다.

수로보니게 여인이 현재 가지고 있는 부정적 요인들은

귀신 들린 그녀의 딸이 낫는다고 해서

단번에 해결되는 게 아니었다.

여전히 그녀는 내적 갈등이 있다.

세상과의 충돌이 있다.

남편이 없다.

이방인이다.

공동체에 들어가기에는 서로 너무 이질적인 게 많다.

이것들을 해결하기 위해 예수님은

수로보니게 여인에게 이렇게 말씀하셨다.

예수께서 이르시되

자녀로 먼저 배불리 먹게 할지니

자녀의 떡을 취하여 개들에게 던짐이

마땅치 아니하니라

마가복음 7:27

사람들은 이 구절을 읽으면서 당황한다.

왜 예수님은 상처받은 여인에게

'개'라고 표현하실 만큼 잔인하게 대하신 걸까?

그녀에게는 취약성들이 있다.

여자,

남자의 보호를 받지 못함,

귀신 들린 딸,

이방인 등등.

숨기고 싶고 인정하고 싶지 않던 그녀의 수치심이

예수님의 말씀으로 인해 모두 드러난다.

주님은 수로보니게 여인에게

자신이 가진 취약성들을 직면하게 하신 것이다.

그녀는 대답한다.

여자가 대답하여 이르되
주여 옳소이다마는
상 아래 개들도
아이들이 먹던 부스러기를 먹나이다
마가복음 7:28

수로보니게 여인은 부정하지 않았다.
"맞습니다. 그게 저입니다."
그녀는 자신의 취약성을 그대로 드러낸다.
그녀가 예수님께 자존심을 내세웠다면
"뭐? 어디 한번 개한테 물려볼래?"라며
반격했을 것이다.

그러나 그녀는 자신의 수치심을 가리기 위해
예수님을 공격하지 않았다.

예수님께 은밀한 취약성을 드러낼 뻔한 사람이 또 있다.
예수님이 제자들과 함께 있는 가운데
가룟 유다에게 이렇게 말씀하셨다.

"여기에 나를 팔 자가 있다."

가룟 유다는 이렇게 대답한다.

"주님, 저는 아니지요?"

우리 역시 가룟 유다처럼

빈곤한 내면을 감추기 위해 포장한다.

내 약점이 드러날까봐 위선과 거짓을 선택한다.

자존심을 지키기 위해 더 센 척을 한다.

서울 강남에 있는 어느 큰 교회에서

청년들이 회사를 그만두거나

결혼을 준비하다가 파혼하게 되면

당분간 교회에 나오지 않는다는 이야기를 들은 적이 있다.

잘나가는 사람들 사이에서

자신의 약함이 드러나는 게 싫고

사람들에게 힘든 이야기를 하는 게 싫어서

아예 교회를 안 나온다는 것이다.

사실이 아니기를 바란다.

만약 사실이라면

그들은 그리스도인의 겸손이

무엇인지 모르는 것이다.

겸손이란 자신의 취약성과 직면하는 것이다.

가리지 않는다.

포장하지 않는다.

지금 밑바닥에 있음을 인정한다.

세상이 나를 그렇게 여긴다는 것,

내가 누군가에게는 그렇게 보인다는 것,

나는 사실 그런 사람이라는 두려운 진실을 피하지 않는다.

그 현실을 마주한다.

수로보니게 여인은 그녀가 서 있는,

개 취급을 당하는 나락에서

그래서 주님이 필요하다는 것을 인정한다.

딸을 향한 사랑이 모든 것을 감수하게 만들었다.

이것이 사랑이다.

그녀는 자신이 얼마나 부족한 사람인지를 드러냈다.

그러자 예수님의 사랑이

그녀의 부족한 부분을 채워줬다.

수로보니게 여인과 마찬가지로
우리도 무언가 부족하다.
어딘가 구멍이 나 있다.

그러나 나를 열어서 부족함을 보이면
사랑이 채워질 것이다.

심령이 가난한 자는 복이 있나니
천국이 그들의 것임이요

마태복음 5:3

#사람들이 나를 떠나갈까봐 두려워

예전에 청소년 사역을 할 때
나는 미숙했지만 열정이 넘쳤다.

길거리에서 청소년들을 만나 전도하고
교회로 데려와 성경을 가르쳤다.
그러자 아이들이 교회로 몰려오기 시작했다.
10명 남짓이던 청소년부는 해마다 두 배씩 늘어났다.

나는 사역에 박차를 가해 정신없이 바쁘고
한창 재미있게 사역하고 있었다.
그러던 중 담임목사님께서
나를 포함한 청소년부 사역팀이
치유 집회에 다녀오는 것이 좋겠다고 하셨다.
그래서 교사들 몇 명과 함께
내적 치유 집회에 참석했다.

앞에서 강사가 치유에 대한 강의를 했다.
하나님은 내 마음을 고치시고
나의 내면을 치유하신다는 내용이었는데

나는 지루했다.

치유는 내 스타일이 아니었기 때문이다.
강의를 듣는 내내 속으로
'치유라니 이게 무슨 징징대는 소리인가,
십자가에서 죽을 생각을 해야지'라고
생각하며 두덜댔다.

강의가 끝나자 사람들끼리 소그룹으로 모여서
자신의 상처를 나누고 서로 기도하라고 했다.

사실 나는 끔찍했다.
생판 처음 보는 사람들에게 나의 상처를 털어놓으라니,
손발이 오글거려서 도저히 할 수 없는 노릇이었다.

그런데 더 놀라운 것은 아무렇지 않게
자신의 속 깊은 이야기를 하는 사람들이었다.
'뭐야, 이런 이야기를 모르는 사람들에게 왜 하는 거야?'

더 끔찍한 것은 내 차례가 다가오고 있었다는 것이다.
'어떻게 하지? 도망가야 하나?'

대충 아무 이야기나 할까?'

어영부영 생각만 하다가 내 순서가 되었다.

그런데 놀랍게도 내 입술에서

다음과 같은 이야기가 쏟아져 나왔다.

"전 겉으로 보기에는 하나님의 은혜가 커서

사역을 열심히 하는 것처럼 보이지만,

사실은 제가 사역을 열심히 하지 않으면

사람들에게 버림받을 것 같은 두려움이 있어요.

설교를 잘하지 않으면

우리 아이들이 모두 떠나갈 것 같아요.

열심히 심방하지 않거나 따로 연락하지 않으면

당장이라도 모두 나를 떠나갈 것 같아요.

사실 저는 누군가에게 버림받을까봐

두려워하고 있는 것 같아요."

내가 말을 하면서도 믿을 수가 없었다.

속으로는 '너 미친 거 아냐? 당장 그 입 다물어!'라고

소리쳤지만 말릴 수가 없었다.

성령께서 내 마음과 입술을 여셨고,

이미 물은 엎질러졌기 때문이다.

이제 나도 모르겠다는 심정으로
고개를 숙인 채 마음에 있는 모든 말이
쏟아져 나오게 내버려두었다.
이제 사람들이 나를 비웃겠구나.
위선적인 사역자라고 생각하겠지?
강한 줄 알았는데 한없이 나약한 사람이라고
손가락질하지 않을까?

두려운 생각에 사로잡혀 조심스럽게 고개를 들었는데
내 눈에 보인 것은 눈물을 줄줄 흘리며
울고 있는 동역자들이었다.

"전도사님은 늘 강한 사람인 줄 알았어요."
"그동안 몰라줘서 미안합니다."
"제가 옆에서 함께하겠습니다."
교사들이 내 손을 붙들고
나를 끌어안고 엉엉 울며 기도하는데
얼마나 큰 위로를 받았는지 모른다.

나는 그때 알았다.

내가 무언가를 잘해서 사랑받는 게 아니구나.

내가 있는 모습 그대로 약하고 보잘것없어도

사랑받는 거구나.

하나님께서 구하시는 제사는 상한 심령이라

하나님이여 상하고 통회하는 마음을

주께서 멸시하지 아니하시리이다

시편 51:17

나는 약하다.

나는 못났다.

나는 실패했다.

나는 죄인이다.

나는 사랑받기에 충분히 모자라다.

#서로 채워간다

어렸을 적에 재미있게 봤던
〈오즈의 마법사〉에는 함께 동행하는 우정이
어떤 힘을 가지는지에 대한 교훈이 있다.

미국 캔자스의 시골 미을에 실던 도로시는
토네이도에 휩쓸려 마법의 대륙 오즈에 떨어지게 된다.
도로시는 집으로 돌아가기 위한 여행을 하면서
여러 친구들을 만나게 된다.

도로시는 먼저 장대에 걸린 허수아비를 도와준다.
허수아비는 농부가 짚으로 자신을 만들어줬지만,
뇌를 만들어주지 않아서 뇌가 없다고 말한다.

도로시,
"뇌가 없는데 어떻게 말을 할 수 있니?"

허수아비,
"잘 모르겠는데….
하지만 사람들도 생각 없이 말을 많이 하지 않니?"

도로시는 허수아비와 함께 동행하는 가운데
심장이 없는 양철 나무꾼을 만나게 되고,
무서워 보이지만 겁이 많은 사자도 만나게 된다.

허수아비, 양철 나무꾼, 사자.
이들은 모두 도로시로 인해
자신의 취약성을 직면하고
그것을 채우기 위한 여행을 떠난다.

그들은 여행을 하던 중 여러 어려움을 겪는다.
그런데 그 과정을 통해서
허수아비는 지혜로워진다.
양철 나무꾼은 사랑을 배운다.
사자는 용맹스러워진다.

〈오즈의 마법사〉에 나오는
도로시와 친구들은 함께 서로를 채워간다.
그들은 자신의 결핍으로 인해
서로 더 깊이 연결되고
서로의 부족함이 채워진다.

마찬가지로 교회는

예수 그리스도와 그의 친구들이다.

주님의 은혜 안에서

우리는 함께 지어져 간다.

6장

사랑은 미지의 세계로 인도한다

#사랑은 나를 변화시킨다

루이스 캐럴의 〈이상한 나라의 앨리스〉를 보면
평범한 일상을 보내던 앨리스 앞에
느닷없이 시계를 든 토끼가 나타난다.
앨리스는 토끼를 따라잡으려다가
토끼굴에 빠져 이상한 나라로 가게 된다.
이로 인해 앨리스는 기상천외한 모험을 하게 된다.

앨리스에게 있어서 토끼는 이상한 나라 안내자이다.
마찬가지로 우리 인생에도 불현듯 토끼가 나타난다.
우리는 그 토끼를 따라가다가 모험을 하게 된다.
이 토끼의 이름은 다름 아닌 '사랑'이다.

사랑은 우리를 미지의 모험의 세계로 안내한다.
사랑은 한 번도 상상하지 못했던 세계로
나를 인도한다.

청소년 사역을 시작한 20대 후반에
양화진 선교사 묘역에 처음으로 가게 되었다.

그곳에 가면 100여 년 전,

조선 땅에 복음을 전하러 와서 헌신한

수많은 선교사들의 묘비를 볼 수 있다는 이야기를 들었다.

그래서 나는 무언가에 이끌리다시피 그곳에 갔다.

그곳에서 묘비에 새겨진 기록들을

하나하나 읽다가 정말 많이 울었다.

그들은 저마다 교사, 의사, 군인, 선교사였다.

그들은 저마다 복음의 감격에 사로잡혀

당시 세계적으로 가난했던 조선 땅에

복음을 들고 찾아왔다가 죽었고

조선 땅에 묻히게 되었다.

그곳에는 당시 20대 후반이었던 나와 비슷한 시기에

목숨을 잃은 선교사들의 묘비가 있었다.

그들의 묘비 앞에 멈춰서서 나는 정말 많이 울었다.

그들도 나처럼 20대 후반의 꿈, 희망, 포부가 있었을 텐데

이 땅에 복음을 전하기 위해

그 젊은 나이에 목숨을 잃었다고 생각하니까

정말 고맙기도 하고 정말 미안하기도 했다.

복음과 은혜에 감격해서 한참을 울다가
나도 무언가 해야 하는 것이 아닌가 싶었다.
그래서 기도했다.

주님, 주님의 놀라운 은혜와 사랑으로
구원을 얻었는데, 저 같은 사람도 괜찮으시면
주님 마음대로 쓰십시오.

이 기도의 내용이 무언가 불길하게 느껴진다면
당신도 나처럼 하나님께 당해본(?) 사람일 것이다.

그렇다.
하나님은 자신을 사용해달라는 기도에 대한 응답을
절대 늦추지 않으시는 분이다.

바로 다음 날 새벽, 한창 자고 있을 때
갑자기 방에 불이 켜지면서 어머니가 말씀하셨다.
"형규야, 교회에 집 나간 청소년들이 잔뜩 왔다더라.
교회에서 담배도 피우고 한다는데….
네가 한번 가보렴."

대충 옷을 챙겨입고 달려갔을 때
추운 겨울에 오갈 데 없는 가출 청소년들이
예배당 안에 있었다.
나는 그들과 함께 새벽기도를 드리고,
김밥천국에 데려가 밥을 먹이고,
돌려보내며 이렇게 말했다.

"정 오갈 데 없으면 나한테 전화해."

그날 저녁 2명이 재워달라고 전화가 왔다.
예의상 한 말인데 진짜 전화할 줄 몰랐다.
알았다면 그 말을 하지 않았을 것이다.

그런데 2명을 재워줬더니
이틀 만에 2명이 20명이 되는 기적이 일어났다.
지금까지 해온 사역 중 가장 빠르게 부흥했다.

모든 면에서 서툴렀고,
모든 면에서 나를 곤란하게 만들었던
가출 청소년 사역은 그렇게 시작되었다.

솔직히 말하자면 그 시간들은 나에게 쉽지 않았다.
하지만 그 사역과 그들을 사랑하는 과정을 통해
나는 깎이고 깊어지고 넓어졌다.
이제는 하나님께서 그 시간들을 통해
나를 다루셨음을 알고 있다.

사랑은 내가 상상도 못했던 일을 시도하게 만든다.
사랑은 한 번도 상상하지 못했던
세계로 나를 이끈다.
그리고 그 사랑이 나를 바꿔놓는다.

처음 따라갈 때는 두렵지만
가다보면 거기에 늘 놀라운 것이
나를 기다리고 있었다.

나는 이제 믿게 되었다.

사랑은 나를 미지의 세계로 이끈다.
그리고 거기에 가장 좋은 것이 있다.

#사랑이 뭔지 모르는 인간

사실 사람의 삶이란 한정적이다.
쉽게 말해서 뻔하다.

매일 뻔한 시간에 일어나고
매일 뻔한 걸 먹는다.
동선도 뻔하고
만나는 사람도 거의 뻔하다.
그 사람들과의 대화도 뻔하다.

열심히 일하고 난 후 여가 시간은 다른가?
아니, 뻔하다.
우리 삶의 반경은 그리 넓지 못하다.
날마다 신박하고 새로운 삶을 추구하는 사람은
존재하지 않는다.

게다가 나이가 들수록 더 익숙한 것을 추구하게 된다.
무엇이 되었든 낯설면 피곤하기 마련이다.
예전처럼 쉽사리 적응하지 못한다.

우리는 갈수록 자기 자신에 대한 고집이 더 강해진다.
지금의 내 모습을 고집하느라
관계에 문제가 발생한다.

누군가 스스로를 완벽하다고 느낄 때
그 주변 사람들이 고통을 받는다.

"나는 문제 없어, 네가 문제야."
"나는 바뀌지 않을 거야, 네가 내게 맞춰."

물론 모든 사람과의 관계에는 문제가 있다.
모든 공동체와 모임에는 문제가 있다.
가정, 직장, 학교, 교회 등등.

그렇다면 우리 사이에 문제가 생기고
갈등이 깊어지는 이유가 무엇일까?

나는 답을 얻었다.
절대로 바뀌지 않으려는
바로 그 사람이 범인이다.

주변에서 관찰하다보니 알게 된 것이 있다.

좋은 부모일수록 자녀들에게 무언가 해주지 못해서

미안하다는 식의 말을 많이 한다.

이것은 부부 관계에서도 마찬가지이다.

좋은 사람은 자신이 무언가 더 주고 싶어 한다.

반대의 경우도 있다.

내가 도대체 못 해준 게 뭐가 있느냐고 말한다.

자신은 문제가 없다고 인식하는 것이다.

상대가 바뀌어야 자신이 행복해질 거라고 여긴다.

이 사람은 우선 자기 인식이 잘못되었을 뿐만 아니라,

결정적으로 사랑이 무엇인지 잘 모르고 있다.

그에게 필요한 것은 주변 사람의 변화가 아니다.

사랑이 무엇인지 배워야 한다.

나는 원래 굉장히 자기 중심적인 사람이었다.

사실은 지금도 좀 그렇다.

어렸을 때 누가 내게 아이스크림을 한입 달라고 하면

나는 그냥 아이스크림을 새로 사줬다.

겉으로 보기에는 관대하게 보일 수 있지만
내 속마음은 내 것을 나누어주기가 싫어서였다.

한번은 친구가 무턱대고
내 아이스크림을 한입 빼앗아 먹었는데
그때 나는 화가 나서
아이스크림을 땅에 집어던진 기억이 있다.

성인이 되어 연애를 하면서도
데이트를 하다가 편의점에 가도
나는 딱 내 것만 사왔다.

"필요하면 말을 하지 그랬어?
사다달라고 하지 않아서 내 것만 샀는데"라고
변명했지만 사실 난 상대방에 대한 배려가 없었다.
나는 사랑이 뭔지 모르는 인간이었다.

말로는 죄인이라고 고백하면서
사랑을 본능과 욕구에만
맡겨놓는 것은 어리석은 짓이다.
사랑은 배워야 한다.

요리도 배우고, 골프도 배우고, 춤도 배우는데

어떻게 사랑은 배우지 않고도

잘할 수 있을 것으로 생각하는가?

사랑을 배워야 한다.

나는 사랑을 배워야 한다

내가 사역을 하면서 얻은 가장 큰 이득은
사랑을 배웠다는 것이다.

그 사랑이 나를 성숙하게 만들었다.
사랑하려고 몸부림치다보니
남을 위해 고생하는 법을 배웠다.
억울해도 참는 법을 배웠다.
안 먹어도 배부른 법을 배웠다.
사랑하려고 애쓰다보니
오히려 그 사랑이 나를 변화시켰다.

사랑이 무엇인지 모른다면
사랑을 배워야 하고,
사랑한다면 어떻게 행동해야 할까 고민하고
사랑을 행세해야 한다.
그러면서 더 깊은 사랑의 단계에 들어가게 된다.
그 사랑이 '나와 너'를 변화시킨다.
사랑은 사람을 변화시키는 가장 커다란 힘이다.

몇 년 전 어느 대형교회 청년부에서
이렇게 말하며 나를 강사로 초청했다.
"우리 교회 청년들이 결혼을 안 하려 합니다.
오셔서 결혼에 대한 메시지를 전해주십시오."

나는 바로 그 의도를 파악했다.
청년들에게 '왜 이렇게 결혼을 안 하니,
제발 좀 결혼하라'는 메시지를
재밌고 청년들에게 와닿게 전달해달라는 것이다.

말씀을 찾고 묵상하는데
아무리 생각해도 성경이 우리에게
"결혼해라. 결혼하지 않는 것은 죄악이다"라고
명령한다고 볼 수 없었다.

그래서 가서 이렇게 설교했다.

어떤 사람은 결혼을 비전으로 삼고,
어떤 사람은 비혼을 선언하며 결혼하기 싫다고 합니다.
어떤 부부는 아이를 낳으려고 애쓰고,
어떤 부부는 아이를 낳기 싫어합니다.

목사로서 솔직히 말하자면,

"결혼해라", "아이를 낳아"라고 하는 것을

성경의 뜻이라고 볼 수 없습니다.

하지만 성경이 우리에게 분명하게

이야기하는 것이 있습니다.

"사랑하라"는 것입니다.

왜 결혼합니까?

사랑해서 결혼하는 거죠.

사랑이 원인입니다.

어떻게 아이가 나옵니까?

사랑하니까 아이가 생기는 거죠.

사랑이 원인입니다.

사랑은 나의 즐거움에서 출발해서

나를 더 희생하는 방식으로 나를 이끌어갑니다.

사랑하십시오.

그 사랑을 따라가십시오.

사랑은 나의 좁고 뻔한 세계를 벗어나게 합니다.

나를 변하게 합니다.
사랑은 한 번도 생각지 못했던
세계로 나를 인도합니다.

거기에는 하나님이 예비하신
가장 좋은 것이 있습니다.
그러니 그 사랑에 순종하십시오.

#놀라운 사랑을 따라갔더니

다니엘서 6장에는
페르시아의 총리였던 다니엘이
자신의 신앙을 지킨 일로
사자 굴에 던져진 이야기가 나온다.

사람들은 그가 사자 굴에서도
죽지 않은 것에 관심이 있다.
그것은 위험한 상황에 부닥쳐도
하나님의 능력과 도우심으로
고통을 당하지 않기를 바라는
우리의 욕망과 맞닿아 있을 것이다.

그러나 조금 더 앞으로 카메라를 돌려보자.
사자 굴에 들어간 다니엘은 청년이 아니다.
중년 또는 노년에 가깝다.

그는 유대인이었으나 포로로 바벨론에 끌려왔다.
그는 왕궁에서 영재교육을 받았고 총리가 되었다.
다니엘은 입지전적인 인물이다.

일제 강점기 때 조선인이 일본에 가서
총리가 되었다고 생각해보라.

더욱이 다니엘의 위대함은
나라가 바뀌고 왕이 연거푸 바뀌는데도
다니엘이 계속 총리라는 것에 있다.
그는 그만큼 탁월했다.

그러니 그 살벌한 정치판에서
다니엘을 제거하고 싶어 하는
정치적 적수들이 얼마나 많았겠는가.

다니엘은 마음이 민첩하여
총리들과 고관들 위에 뛰어나므로
왕이 그를 세워 전국을 다스리게 하고자 한지라
이에 총리들과 고관들이 국사에 대하여
다니엘을 고발할 근거를 찾고자 하였으나
아무 근거, 아무 허물도 찾지 못하였으니
이는 그가 충성되어 아무 그릇됨도 없고
아무 허물도 없음이었더라
그들이 이르되 이 다니엘은

그 하나님의 율법에서 근거를 찾지 못하면

그를 고발할 수 없으리라 하고

다니엘 6:3-5

털어서 먼지 안 나는 사람이 없다는데

다니엘은 약점이 없었다.

하지만 마른오징어도 쥐어짜면 물이 나온다더니

드디어 그에게서 약점이 나왔다.

바로 그의 신앙이었다.

원수들은 이것으로 다니엘을 넘어뜨리기로 했다.

이방 땅에서 외롭게 사는 가운데

지금까지 힘이 되고 위로가 되었던

그의 신앙은 이제 그에게 약점이 된다.

그의 신앙이 그에게 손해를 가져다주게 될 것이다.

그의 믿음이 그에게 복이 아니라

화를 가져오게 될 것이다.

당신은 이것을 받아들일 수 있겠는가.

우리는 사자 굴에서도 살아날 기적을 원하지만,

믿음 때문에 사자 굴에 들어가기를 원하지는 않는다.

다니엘이 이 조서에 왕의 도장이 찍힌 것을 알고도

자기 집에 돌아가서는 윗방에 올라가

예루살렘으로 향한 창문을 열고 전에 하던 대로

하루 세 번씩 무릎을 꿇고 기도하며

그의 하나님께 감사하였더라

다니엘 6:10

다니엘은 조서에 왕의 도장이 찍힌 의미를 알았다.

다니엘은 풋내기 애송이가 아니다.

노련한 정치인으로 가장 높이 올라간 사람이다.

산전수전을 겪으며 총리의 자리까지 올라갔다.

'아, 이 조서는 나를 제거하려고 만든 거구나.'

하지만 그는 평소처럼 하루 세 번 무릎을 꿇고 기도했다.

"내가 남의 나라에서 이토록 고생하며 사는데

하나님이 대체 나한테 해준 게 뭡니까!"라고

하나님을 원망하고 투정하거나

자기 연민에 빠지지 않았다.

그의 기도는 "그의 하나님께 감사하였더라"이다.

그는 하나님께 감사했다.

다니엘은 하나님을 사랑했다.

다니엘은 하나님이 자신을 어떻게 사랑하셨는지

잊지 않고 있었다.

다니엘은 여기까지 인도하신

그 놀라운 사랑을 따라가기로 했다.

하나님에 대한 사랑은 다니엘에게

아주 위험한 모험을 하게 만들었다.

총리직까지 집어던지게 만들었다.

모든 부귀영화와 권력을 버리게 만들었다.

사자 굴에 들어가게 만들었다.

하지만 이 이야기는 굶주린 사자들이

하나님의 사랑에 눈이 멀어 무모한 고집을 부린

늙은 정치인을 잡아먹는 것으로 끝나지 않는다.

그가 그토록 사랑했던 하나님이

사자들의 입을 다물게 만들었기 때문에
다음날 멀쩡한 다니엘을 보고
왕의 입이 벌어졌다.
그리고 원수들이 심판을 받았다.

다니엘에게 그전까지 상상하지 못했던 일이 일어났다.
처음 비벨론에 왔을 때처럼
하나님의 사랑은 다니엘을 미지의 세계로 인도했다.
그리고 그곳에는 가장 좋은 것이 있었다.

사랑은 나를 미지의 세계로 이끈다.
그리고 거기에 가장 좋은 것이 있다.

#십자가, 사랑의 모험

사랑은 거래가 아니다.
거래는 내가 무엇을 주면
딱 그만큼 돌려받을 수 있다.
그러나 사랑은 무엇을 얻을지 알지 못한다.

매일 아침 눈을 뜨는 순간부터
나는 누군가를 사랑하는데
그 사람이 나를 똑같이 사랑해줄 수도 있지만
그렇지 않을 수도 있다.

내가 죽을 때까지 그 사람이 함께 있어 줄 수도 있지만,
예고 없이 떠나버릴지도 모른다.
사랑은 불확실하다.
사랑은 무척 위험하다.

우리는 누군가를 사랑할 때 감정을 드러낸다.
이것은 매우 두려운 일이다.
사랑을 하면 상처를 받고 아파할 수도 있다.
사랑은 그 자체로 모험이다.

하지만 누군가를 사랑하지 않고
누군가의 사랑을 받지도 않는 삶을
상상이나 할 수 있겠는가.

그 사랑의 모험을 시작한 사람을 알고 있다.
그가 얼마나 많은 것을 버렸는지,
그가 버린 것에 비교하자면
워런 버핏이 전 재산을 기부한 것도
새 발의 피 수준이다.

그는 하나님의 아들이었는데
초라하게 말 밥통에서 태어나셨다.
찌질한 사람들을 제자로 삼으셨고
그중 하나는 자신을 돈에 팔 배신자였다.

너무나 무모하고 위험천만하고 대책이 없는 것은
죄인들을 구원한답시고 아무런 보증도 없이
십자가에서 먼저 죽으셨다는 것이다.

아니, 각서라도 받았어야 되는 거 아닌가.

너, 구원받고 싶으면 일단 각서부터 좀 써라.
내가 널 도무지 믿을 수가 있어야지.

"오늘부로 십자가로 구원받은 임형규는
하나님의 사람이 되겠습니다."

그래, 이제 내가 십자가에 올라갈 수 있겠다.
네가 이렇게 해주니 나도 좀 안심이 된다.
이런 보증이 없다.

우리가 아직 죄인 되었을 때에
그리스도께서 우리를 위하여 죽으심으로
하나님께서 우리에 대한
자기의 사랑을 확증하셨느니라

로마서 5:8

이것은 얼마나 놀랍도록 답이 없는 순수한 용기인가.
예수 그리스도는 나 같은 죄인을 위해
그 사랑의 확답을 받지도 않으시고
무턱대고 십자가에 오르셨다.
어느 조건도 없이

어느 협박도 없이

우리를 사랑한다며 모든 것을 내어주셨다.

차용증도 담보도 없다.

계약서를 쓰거나 손모가지를 걸라고 하지 않았다.

온 우주의 모든 것을 가진 분이

그저 사랑 때문에 모든 걸 걸고 모험하신다.

그 위험한 길을 가신다.

난 널 위해 상처받을 수 있어.

난 널 위해 고통받을 수 있어.

난 널 위해 비난받을 수 있어.

난 널 위해 배신당할 수 있어.

난 널 위해 죽을 수 있어.

이것이 십자가다.

십자가로부터 나와 당신에게 사랑이 부어진다.

이 사랑은 우리를 미지의 세계로 인도한다.

하나님의 사랑이 당신을 인도하신다.

따라가라.

흘러가라.

욕망과 본성을 따라가지 말고

하나님의 사랑이 당신을 이끄는 곳으로 가라.

하나님의 사랑이 당신을

가장 좋은 곳으로 이끌어 갈 것이다.

당신은 변화될 것이다.

당신은 더 근사한 사람이 될 것이다.

당신은 누군가를 살리는 사람이 될 것이다.

사랑하는 자들아

하나님이 이같이 우리를 사랑하셨은즉

우리도 서로 사랑하는 것이 마땅하도다

요한일서 4:11

7장

사랑은 믿어주는 것이다

#아무도 믿어주지 않는 사람

나는 이십 대 중반에 회심하고
인생을 주님께 드렸다.

아마 주님께서 기쁘게 받으셨던 것 같다.
다만 나를 너무 과하게 좋아하셨는지
7년간 솔로로 가두고 지키셨다.

기왕 이렇게 된 거
나는 본격적으로 예수님을 닮아가야겠다 싶었다.
그래서 수염과 머리를 기르기 시작했다.

문제는 내가 다니는 100명 남짓한
작은 교회의 담임목사님이
나의 아버지였다는 것이다.

큰아들이 필요 이상으로 예수님을 닮아가는 것(?)을
보다 못한 아버지께서 어느 날 말씀하셨다.
"너 머리 잘라라."
"싫어요."

"너 머리 안 자르면 잠잘 때
바리캉으로 다 밀어버릴 테다."

나는 지지 않고 대답했다.
"어디 한번 그렇게 해보세요.
그러면 나도 아버지 주무실 때
똑같이 머리 다 밀어버릴 거예요.
누가 더 손해인지 두고 보자고요."

아버지는 내 머리를 건드리지 않으셨다.
두 가지를 명확히 알고 계셨기 때문이다.
무엇이 더 손해인가 하는 것과
자신의 큰아들이 확실한 또라이라는 것을.

그러던 어느 날
나는 스스로 머리를 싹둑 잘랐다.

왜 그랬을까?
내 인생에 드디어 그녀가 들어왔기 때문이다.
그녀와 데이트하고 싶었기 때문에
잘 보이려고 머리를 잘랐다.

다행히도 나는 그 여성과 결혼하여
아이들을 낳고 십 년 넘게 살고 있다.

사랑은 우리로 하여금
자발적으로 더 좋은 사람이 되고 싶게 만든다.

다만 사람이 쉽게 바뀌지만은 않는다.
잠깐은 좋아지는 것 같은데,
다시 회귀한다.

이것은 자녀를 수련회에 보내본
경험이 있는 부모들이라면 크게 공감할 것이다.

일어서서 몇 걸음 걷더니 또다시 자빠지고
어떨 때는 그전보다
더 안 좋아지는 모습이 보이기도 한다.

그러다보니 누군가는
앞으로 변할 거라고 결단하거나
변화를 약속하는 사람에게
악담과 비난을 쏟아내기도 한다.

"며칠이나 가겠냐?

당신이 이런 게 어디 한두 번이어야지.

안 봐도 뻔해. 아주 눈에 훤하다."

그리고 그 사람이 변화에 성공하지 못하고

예전 모습으로 돌아가게 되면 이렇게 말한다.

"왜 안 하던 짓을 하나 했다.

네가 하는 게 다 그렇지, 내 이럴 줄 알았다."

우리는 누군가의 결단 앞에서

왜 이렇게 부정적으로 반응하는 것일까?

상심했기 때문이다.

상심이란 마음이 깨졌다는 뜻이다.

그 사람을 신뢰하여 내주었던 마음이

산산조각이 났다.

그러면 우리는 실망하게 된다.

실망이란 보이는 것이 없다는 뜻이다.

마음이 부서져버리니까

더 이상 보이는 게 없는 것이다.

실망은 서로에게서 용기를 빼앗아 간다.
믿음에 고정했던 시선을
다시 초라한 자기 자신에게 가져가게 만든다.

실망스러운 일을 반복하면
사람들이 더 이상 믿어주지 않는다.

세상에서 가장 불행한 사람은
아무도 믿어주지 않는 사람일 것이다.

나는 자존감이 약한 사람을 보면 안타깝다.
약하고 무능해서 불쌍한 것이 아니다.
더 이상 자신마저 자기 자신을
믿어주지 않는 것이 가장 마음 아프다.

#넌 배신자가 아니라 굳건한 반석이다

마태복음 16장을 보면 예수님이
빌립보 가이사랴 지방에서
제자들에게 이렇게 묻는다.

"너희는 나를 누구라 하느냐?"

이때 베드로가 "주는 그리스도시요
살아 계신 하나님의 아들이십니다"라는
유명한 고백을 남긴다.

그런데 베드로가 자신의 고백을 지켰는가?
그러지 못했다. 그는 예수님이 심문당하실 때
사람들 앞에서 세 번 연거푸 예수님을 부인했다.

얼마나 부끄럽고 염치가 없었으면
예수님이 부활하신 것을 알고도 그는 도망갔다.
부활하신 것을 몰라서 도망간 게 아니다.
염치가 없어서 도망간 것이다.

예수님은 베드로가 입술로 고백은 했지만,

자신을 부인할 것을 알고 계셨다.

그의 나약함, 배신, 흔들림,

무너짐을 모두 알고 계셨다.

눈앞에 훤히 보였다.

그렇다면 주님은

베드로의 고백을 들으셨을 때

넌 주둥이만 살았구나.

너는 갈대다.

너는 계속해서 흔들리는 메트로놈이다.

너는 하루 종일 흔들리는 호객용 춤추는 풍선이다.

난 너의 가벼움을 견딜 수가 없다.

난 너의 기복을 더 이상 못 참겠다.

이렇게 말씀하셨어야 옳다.

그러나 주님은 이렇게 말씀하신다.

"너는 베드로다."

"너는 반석이다."

이것은 사실이 아니다.
베드로는 흔들리는 사람이다.
베드로는 배신자요 도망자이다.

그런데 그런 그에게 예수님은
"너는 굳건한 사람이다"라고 말씀하신 셈이다.

주님은 지금 객관적 사실을 초월하여
베드로를 믿어주고 계신다.

믿음은 객관적이지 않다.
믿음은 지극히 주관적이다.

#완전함을 향한 한 걸음

우리 집안에서 가장 먼저 태어난 아기는
조카, 즉 동생의 아들이었다.

조카가 태어난 지 몇 달이 지난 어느 날
온 가족이 모였다.

조카가 입을 떼서 "마!"라고 했다.
그러자 옆에 있던 제수씨가 박수를 치며
"그래, 내가 네 엄마야, 엄마!"라고
호들갑을 피웠다.

당시 아이가 없었던 나는 말도 안 된다고 생각했다.
경상도에서 "마!"는 '인마!'를 의미하는데
어찌 이것이 "엄마"를 부르는 것이겠는가.

그다음에 조카가 "빠!"라고 했더니
옆에 있던 동생이 박수를 치면서
"그래, 아빠 여기 있다! 아빠 불렀어?"라고 했다.

아니 이게 대체 뭐 하는 짓인지
어처구니가 없다는 표정을 짓고 있는데
조카가 드디어 세 번째 단어를 말했다.
"하!"
그러자 이번에는 옆에 있던 아버지가
"그래 그래, 할애비가 여기 있단다!" 하는 게 아닌가.

내가 말했다.
"아버지, '하'가 어떻게 '할아버지'가 됩니까?
비약이 너무 심해요."
그러자 아버지는 "너같이 믿음이 없는 녀석이
무슨 목사를 한단 말이냐! 회개하거라"라며
계속 할아버지 타령을 해댔다.

그런데 놀랍게도 시간이 지나니까
어느 순간 조카의 입에서 '히읗'이
'하찌'가 되고, '하찌'는 '할아버지'가 되었다.

이 과정 동안에 나의 아버지는
자신의 손주가 할아버지를 부르고 있다는
믿음으로 조카를 믿어줬다.

할아버지의 믿음,

손주의 온전함을 향한 그 믿음이

손주의 미숙함을

이긴다.

압도한다.

결국 손주는 "할아버지"라고 말하게 된다.

당신은 누군가의 주관적인

믿음 속에서 자라났다.

당신은 그 믿음으로 말하게 되었다.

당신은 그 믿음으로 걷게 되었다.

학자들에 따르면 한 아기가

일어나서 걷게 되기까지

3천 번쯤 넘어진다고 한다.

돌이 지난 아기가 일어나서 넘어질 때

부모는 좌절하거나 낙심하지 않는다.

아기를 믿어준다.

"넌 걸을 수 있어!"

부모가 아기를 수천 번 믿어주니까

아기는 마침내 걷는다.

그렇게 당신은 스스로 걸을 수 있게 되었다.

누군가 당신의 불완전함을 믿어주었다.

그래서 자전거를 배우고,

노래를 부를 수 있게 되고,

학교에서 공부하고,

연애하고,

인생에서의 성취를 이룰 수 있게 되었다.

복음에는 하나님의 의가 나타나서

믿음으로 믿음에 이르게 하나니

로마서 1:17

이 구절은 자세히 보면 아리송하다.

복음이 하나님만을 믿는 것이라고 하면 쉽다.

그러나 믿음으로 믿음에 이르게 하다니,

무슨 뜻인가?

우리말에서는 믿음이라는 단어가

두 번 반복되었는데

원어로는 앞의 믿음과 뒤의 믿음이

다른 단어이다.

그 뜻을 풀자면

앞의 믿음은 하나님의 것이고

뒤의 믿음은 우리의 것임을 의미한다.

의역해보면 다음과 같이 말할 수 있다.

복음에는 하나님의 신실하심이 나타나 있습니다.

그 하나님께서 우리를 믿어주심으로써

우리도 믿음에 참여할 수 있게 되었습니다.

하나님이 당신을 믿어주신다.

너는 베드로다.

너는 일어설 것이다.

너는 승리할 것이다.

너는 넘어지고 흔들리겠지만

내가 너를 굳건하게 하겠다.

우리는 그 믿음에

나의 믿음으로 반응해야 한다.

"예, 맞습니다.

주님께서 그렇게 일하실 줄을 믿습니다.

나를 인도하실 하나님을 신뢰합니다."

두 딸이 싸우니까 아내가 둘 다 혼을 냈다.

혼내면서도 속이 상했다.

왜 아무리 말해도 말을 안 들을까.

왜 맨날 싸울까.

속상해서 저만치서 씩씩거리고 있는데

6살인 막둥이가 다가와 말했다.

"엄마, 아빠랑 엄마도 싸우잖아.

나랑 언니도 그래.

안 싸워야지 하는데 그게 잘 안 돼.

사람이 다 그래."

또 싸웠지만, 노력을 안 한 게 아니다.

또 실패하고 무너졌지만, 노력하지 않은 것이 아니다.

하나님은 현재의 성과를 보는 게 아니다.

어느 방향으로 걸음을 내딛는지 보신다.

하나님은 크게 안 바뀌는 인간을 대할 때
당황하지 않으신다.
놀라지 않으신다.
'사람이 다 그렇지' 하신다.

하지만 이것은 포기했다는 의미가 아니다.
기다려주시는 것이다.
하나님은 당신을 재촉하거나
쉽사리 실망하지 않으신다.
하나님께서 당신을 기다리신다.
당신과 함께 동행하신다.

너희 안에서 착한 일을 시작하신 이가
그리스도 예수의 날까지 이루실 줄을
우리는 확신하노라
빌립보서 1:6

믿음이란 한번에 완벽해지는 것이 아니다.
온전해질 때까지 계속 걸어가는 것이다.
그 온전함을 향해 한 걸음을 내딛는 것이다.

나는 미흡하다.

부족하다.

그러나 근사해질 것이다.

더 멋진 그리스도인이 될 것이다.

이 믿음으로 나아가라!

완전함을 향한 오늘의 한 걸음.

#심장을 내어주다

주님께서 우리를 사랑으로 믿어주면 당장 변하는가?
아니다.
베드로는 가서 배반한다.
베드로는 부활하신 주님을 뒤로하고 도망간다.

사랑은 믿어주고 당하는 것이다.

예수님이 십자가에 오르기 위해
예루살렘에 입성하신다.
사람들이 종려나무 가지를
흔들며 주님을 반긴다.

주님은 알고 있다.
며칠 후면 이들이 자신을 십자가에
못 박으라고 소리지를 것을.
제자들도 모두 도망갈 것이다.

그러나 주님은 믿어주신다.
주님은 이들을 사랑해서 당해주시기로 작정했다.

당하기로 작정하는 것이 사랑이다.

주님은 십자가에서 창으로 옆구리를 찔린다.
주님께서 부활하신 후에
도마는 예수님의 상처에 손가락을 넣어본다.
그리고 대답한다.
"나의 주님, 나의 하니님."

그는 찔리셨고 상하셨고 맞으셨다.
그래서 우리가 구원을 얻었다.
그 상처를 보고 그분을 주님이라고 부르게 된다.

그가 상처를 받음으로 우리가 구원을 얻었다.

라틴어 "믿다"(credere)라는 말은
'심장을 내어주다'(cor dare)에서 왔다.

주님은 우리에게 심장을 내어주셨다.
이제 우리도 주님께 나의 심장을 드린다.

내 가슴 속에는 당신이 있습니다.

이 심장은 당신의 사랑으로 두근거립니다.

당신의 것입니다.

주님이 먼저 우리를 믿어주셨다.

그 믿음으로 우리가 믿음에 이르게 되었다.

#찍혀줄 발등이 되어주라

예수님은 십자가에 오르실 때 발등에 못이 박혔다.
비슷한 속담이 우리말에 있다.
믿는 도끼에 발등 찍힌다.

사랑은 발등을 내어주는 것이다.
예수님은 믿는 제자들에게 발등 찍혔다.
예수님의 발등을 찍은 자들이
모두 신실한 제자가 된 것은 아니지만,
예수님의 제자 중에 발등을 찍지 않고
제자가 된 사람은 하나도 없다.
그러니 찍혀줄 발등이 있는 한
그 사람은 소망이 있다.

예수님의 발에는 못 자국이 있다.
우리도 발등을 내주어야 한다.
내 발등을 찍은 사람은 돌아올 곳이 생기는 것이다.

사랑은 당하고 끝나지 않는다.
사랑은 강하다.

사랑이 있으면 결국 돌아온다.

사랑이 최후의 보루이다.

야구 시합에서 홈런을 치면

타자가 경기장 밖으로 나가는 게 아니다.

다시 홈으로 돌아온다.

홈 베이스가 사랑이다.

사람은 사랑에서 출발한다.

멀리멀리 뻗어가는 것 같지만

결국에는 사랑으로 돌아온다.

사랑이 홈 베이스다.

심수봉의 노래 중

〈남자는 배 여자는 항구〉라는 노래가 있다.

배가 항구를 떠나면 물고기를 잡고,

무역하고 다시 항구로 돌아온다.

사랑은 항구다.

기독교는 십자가에서 끝나지 않는다.

죄와 죽음을 이기신 그리스도의 부활과

그 이후의 회복과 복음의 승리와

행진을 이야기한다.

제자들은 모두 돌아온다.

그 제자들은 나아가 세상을 변화시키기 시작한다.

하나님이 우리를 사랑하시는 사랑을

우리가 알고 믿었노니

하나님은 사랑이시라

사랑 안에 거하는 자는

하나님 안에 거하고

하나님도 그의 안에 거하시느니라

요한일서 4:16

하나님이 당신을 사랑하신다.

하나님이 당신 속에 함께하신다.

하나님이 당신을 붙들고 있다.

자녀들아 너희는 하나님께 속하였고

또 그들을 이기었나니 이는 너희 안에 계신 이가

세상에 있는 자보다 크심이라

요한일서 4:4

이것이 사랑의 힘이다.

사랑이 있으면 돌아온다.

사랑이 있으면 변화된다.

사랑이 있으면 살아난다.

사랑이 이긴다.

#믿음이 이긴다

20대 초반 대학교 다닐 때
나는 엄청나게 방황했다.
매일 밤새 술 마시고
학교도 안 가고 널브러져 있을 때가
한두 번이 아니었다.

평소처럼 밤새 술을 마시고
방에서 자고 있는데 부모님이 오셨다.
아버지는 책상에 앉아 안절부절하고 있는데
엄마가 머리맡에 앉아 밤새 술 마시고
떡진 내 머리를 손가락으로 빗으시며 말했다.

"우리 형규는 나중에 좋은 목사님이 될 거야.
엄마가 기도하고 있거든.
하나님은 엄마의 기도를 들으시거든."

그날 저녁 나는 친구들과 술을 마시며 이렇게 말했다.
"우리 엄마가 뭐라고 했는지 아냐?
내가 목사가 될 거래."

나는 지금 목사다.

목사가 되고 나서 그때 생각이 났다.

얼마나 울었는지 모른다.

엄마의 믿음이 나의 방황을 이겼구나.

나도 나를 포기했는데 나를 위해 기도해주던

우리 교회의 믿음이 나의 방황을 이겼구나.

나를 사랑하시는 주님의 사랑이 나의 죄를 이겼구나.

주님의 빛이 나의 어둠을 이겼구나.

주님의 생명이 나의 죽음을 이겼구나.

믿음이 이긴다.

사랑이 이긴다.

8장

끝까지 사랑하신다

#사랑할 수 없는 모습

사람마다 참기 힘든 모습이 있기 마련이다.
당신도 차마 견딜 수 없는 것들이 있을 것이다.

식당에서 음식을 주문했는데
음식에 벌레가 들어간 건 참을 수가 없다.
패션을 좋아하는 남성으로서
샌들에 양말은 참을 수 없다.
베트남 쌀국수 집에 갔는데
고수가 없는 건 참을 수 없다.
반대로 고수를 참을 수 없는 사람도 있을 것이다.

야구팬들은 동의할 것이다.
한화이글스는 맨날 진다.
정말 참을 수가 없다.
한화이글스 팬들은 놀라운 인내의 사람이다.
천국에서 상급이 있을 것이다.
만약 결혼하려고 하는데 상대나 그 가족이
한화이글스 팬이거든 볼 것도 없다.
결혼하라.

참을 수 없는 것들은

우리의 삶에서 자연스럽게 밀려나게 된다.

소외된다.

식당이나 카페에 가면 'no kids zone'이 있다.

사장님이 처음부터 어린이를 싫어한 건 아니었을 것이다.

나도 아이를 키우지만

소란스러운 아이들을 통제하지 않는 부모들을 보면

눈살이 찌푸려진다.

그런 아이들의 소란스러움이 영업에 해를 끼친다.

사장님은 더 이상 참을 수 없었을 것이다.

결국 '노 키즈 존'을 선언한다.

아이와 그 가족들은 들어갈 수 없다.

그 가게를 입장할 수 있는 자격이 없다.

가게의 입구에는

'노 키즈 존'이라는 표지판이 붙어 있다.

마찬가지로 하나님은 죄를 참지 못하신다.

무엇보다 죄인이 함부로 들어오는 순간

거기는 천국이 아니다.

누군가에게는 지옥이 된다.

죄와 죄인을 참지 못하시는 천국의 주인은
'노 죄인 존' 표지판을 걸어놓는다.

하나님나라의 주인은 하나님이다.
천국은 하나님의 집이다.
그곳의 주인인 하나님은 죄를 참지 못하신다.
천국은 '노 죄인 존'이다.

하나님은 죄를 참지 못하신다.
그러므로 죄인들은 버림받아야 마땅하다.
성경에서 말하는 죄란
"사랑받을 자격이 없다"는 뜻이다.

#널 사랑하지 않아

성경에는 사랑받을 자격이 없는 사람을
사랑하기 위해서 몸부림친 사람의 이야기가 있다.
호세아가 그렇다.

그는 구약의 선지자였다.
선지자는 하나님의 뜻을 사람들에게 전하는 사람이다.
뭔가 멋지다.
우렁찬 목소리와 남다른 눈빛을 가지고 있을 것 같다.

일반 사람들은 모르는 비밀스러운 하나님의 뜻을
혼자만 은밀히 들었을 것 같다.
그의 귀에는 에어팟이 없어도
세상의 목소리는 노이즈 캔슬링이 되고
하나님의 목소리만 들릴 것 같다.

그러나 선지자였던 호세아에게
하나님께서 요구하신 것은 기괴한 일이었다.
고멜이라는 아주 부정하고 음란한 여인과
살아야 한다는 것이었다.

그녀는 창녀였다.

처음부터 전혀 사랑스럽지 않은 대상이었다.

여호와께서 처음 호세아에게 말씀하실 때

여호와께서 호세아에게 이르시되

너는 가서 음란한 여자를 맞이하여

음란한 자식들을 낳으라

이 나라가 여호와를 떠나 크게 음란함이니라 하시니

이에 그가 가서 디블라임의 딸 고멜을 맞이하였더니

고멜이 임신하여 아들을 낳으매

호세아 1:2-3

호세아는 이전까지의 멋진 선지자들처럼

멋진 사역을 꿈꿨을 것이다.

엘리야처럼 우상 숭배자들과 담대히 맞서는 것,

예레미야처럼 하나님의 심판에 대해

눈물 흘리며 슬퍼하는 것,

나단처럼 상대가 다윗 왕일지라도

용감하게 죄를 고발하는 것.

그러나 호세아에게 하신 하나님의 명령은

행실이 부정한 여인과 결혼하는 것이었다.
대체 이게 선지자의 책무와 무슨 상관인가.
끝없는 물음표가 있었을 테지만 호세아는 순종한다.

호세아는 고멜과 결혼한다.
그리고 세 자녀를 낳았으나
고멜은 자식들을 버려두고
집을 나간다.
불륜을 저지른다.

호세아는 더 이상 참을 수가 없다.
말씀을 읽고 있는 나도 참을 수가 없다.
호세아가 내 옆에 있었다면
당장 끝내라고 조언했을 것이다.

호세아는 끝을 선언해야 한다.
당신과는 여기까지라고,
더 이상은 못 참겠다고,
당신은 사랑받을 자격이 없다고.

고멜의 이름은

"실패하다", "끊어지다"라는 뜻이다.
호세아와 고멜의 관계는
하나님과 우리의 관계를 의미한다.

호세아는 하나님의 뜻을 전하는 선지자이다.
다만 말이 아니라 '삶'과 '관계'로
하나님의 뜻을 전달하고 표현했다.
더럽고 추악한 습성을 버리지 못하고
계속해서 호세아의 사랑을 짓밟고 떠나가는
고멜은 우리를 의미한다.

우리는 하나님을 가볍게 여기고 무시한다.
대학에 떨어져도 하나님께 등을 돌리고
대학에 붙어도 하나님께 등을 돌린다.

취업을 준비하느라 바빠서 하나님을 소홀히 여기고
취업하면 회사에 적응하느라 하나님을 소홀히 여긴다.

일이 힘들면 힘들어서 하나님을 외면하고
일이 잘 풀리면 물 들어올 때 노를 저어야 한다며
하나님을 외면한다.

고멜과 같이 우리 역시 세상을 향해 나아가고
하나님께는 등 돌리고
하나님을 떠나간다.

호세아와 고멜 사이에서
태어난 세 자녀의 이름은 다음과 같다.

이스르엘, "멸망"
로루하마, "은혜를 베풀지 않겠다"
로암미, "내 백성이 아니다"

이 이름들은 하나같이 자기 백성들에게 버림받은
하나님의 아픔을 고스란히 드러낸다.

하나님은 말씀하셔야 한다.
나는 참을 만큼 참았다.
너의 더럽고 추악함을 더 이상 견딜 수가 없다.
너에게는 나를 향한 사랑도 없고
최소한의 예의도 없다.
나도 너를 버리겠다.
너는 내 백성이 아니다.

더 이상 은혜를 베풀지 않겠다.
죄를 지었으니 반드시 멸망할 것이다.

그렇게 끝났어야 한다.
그럼 결말이 어떻게 되는 걸까?

도저히 참을 수 없는 죄인으로서
고멜과 우리가 어떤 결과를 맞게 되는지
호세아서에 나온다.

에브라임이여 내가 어찌 너를 놓겠느냐
이스라엘이여 내가 어찌 너를 버리겠느냐
내가 어찌 너를 아드마 같이 놓겠느냐
어찌 너를 스보임 같이 두겠느냐
내 마음이 내 속에서 돌이키어
나의 긍휼이 온전히 불붙듯 하도다
내가 나의 맹렬한 진노를 나타내지 아니하며
내가 다시는 에브라임을 멸하지 아니하리니
이는 내가 하나님이요 사람이 아님이라
네 가운데 있는 거룩한 이니
진노함으로 네게 임하지 아니하리라

호세아 11:8-9

하나님께서

"나도 너를 버리겠다,

나도 이제 끝이다"라고 했더니

마음속에서 긍휼이 불붙었다.

차마 끝내지를 못하시는 것이다.

사랑하시기 때문이다.

호세아가 간음한 아내를 다시 돈 주고 데려오듯이

하나님은 우리를 향해 손을 내미신다.

멀리 떠나갔던 우리를 찾으러 오신다.

복수의 칼로 스스로 심장을 찢는다.

#그가 대신 버림받으셨다

죄인은 죽는다고 하지 않았는가.
죄인은 버려져야 한다고 하지 않았는가.
그러면 하나님께서 말을 바꾸신 것인가?

하나님은 말을 바꾸시지 않는다.
그렇게 쉽사리 바뀐다면
그것은 진리도 정의도 아니다.

버린다고 했으니
버림받아야 한다.
죽는다고 했으니
죽게 내버려두어야 한다.
죄인은 버림받고 죽어야 한다.

예수 그리스도께서
우리를 위해 십자가에서 죽으실 때
십자가에서 일곱 가지 말씀을 하셨다.
그것을 가상칠언이라고 하는데
네 번째 말씀이 이것이다.

제 구 시에 예수께서 크게 소리 지르시되

엘리 엘리 라마 사박다니 하시니

이를 번역하면 나의 하나님, 나의 하나님

어찌하여 나를 버리셨나이까 하는 뜻이라

마가복음 15:34

하나님께서 그 아들을 버리셨다.

그 아들을 죽게 두셨다.

버림받았어야 하는 건 고멜 같은 나였다.

나의 죄로 인해 하나님으로부터

끊어진 내가 버림받았어야 한다.

내가 멸망받아야 할 이스르엘이다.

하나님은 나를 향해

"너는 로루하마다!

더 이상 봐주지 못하겠다"고 하셨어야 한다.

하나님은 나를 향해

"너는 로암미다!

내 사람이 아니다!"라고 하셨어야 한다.

내가 너를 버리겠다.

내가 너를 버리겠다.

그 끝에서 불같은 사랑이 올라왔다.

그래서 예수 그리스도께서 대신 버림받으셨다.

그가 찔림은 우리의 허물 때문이요

그가 상함은 우리의 죄악 때문이라

그가 징계를 받으므로 우리는 평화를 누리고

그가 채찍에 맞으므로 우리는 나음을 받았도다

우리는 다 양 같아서

그릇 행하여 각기 제 길로 갔거늘

여호와께서는 우리 모두의 죄악을

그에게 담당시키셨도다

이사야 53:5–6

이 구절은 고난주간에 자주 설교해서 많이 알지만,

그 아래 있는 이사야서 53장 12절은 잘 모른다.

이는 그가 자기 영혼을 버려

사망에 이르게 하며

범죄자 중 하나로 헤아림을 받았음이니라

이사야 53:12

그가 버림을 받음으로써 우리가 구원을 얻었다.

우리를 구원하기 위해

하나님께서 자기의 아들을 버리셨다.

나 같은 죄인을 구원하기 위해

예수 그리스도께서 자기를 버리셨다.

죄 없는 고결하신 분께서

시궁창 같은 세상에 오셨을 뿐만 아니라

추악한 범죄자 중 하나로 여김을 받으셨다.

사랑해본 사람은 안다.

사랑은 무언가를 얻는 것이 아니다.

버리는 것이다.

사랑하면 무엇을 얻는 게 아니다.

사랑하면 시간을 버린다.

사랑하면 자존심을 버린다.

사랑하면 고집을 버린다.

결국에는 나를 온전히 내어준다.

사랑은 탐닉으로 출발하지만 결국 희생으로 간다.

사랑은 나로부터 시작해서 나를 버리는 것으로 간다.

버릴 줄 모르는 사람은 사랑을 모르는 사람이다.

사랑하면 나를 보존할 수 없다.
버리게 된다.

우리 교회에는
결혼을 준비하는 커플들이 있다.
나는 목사로서 그들에게 결혼식은 준비하겠지만
결혼 이후의 삶도 준비하는지 물어본다.

무얼 준비하면 되는가.
버릴 준비를 하라.

부부가 서로에게 무언가 계속 얻으려 할 때
가정은 전쟁터가 된다.

그러니 자신의 기준을 버려라.
자신이 옳다는 마음을 버려라.
성질 좀 버려라.
자유를 버려라.
그리고 남자들은 음식물 쓰레기를 버려라.

우리 교회 청년들은 정기적으로
노숙인들과 독거노인들에게 밥을 나눠주기 위해
밥을 나눠주는 봉사를 간다.

SNS 사진으로 보면 근사하지만
이 사람들은 주말에 자신의 돈과 시간과
쉴 수 있는 기회를 버리고 왔다.
왜 생판 모르는 사람한테 그렇게 해야 하나?
그게 사랑이다.

우리 교회는 선교를 강조한다.
해외 단기 선교에는
교회와 성도에게 매우 많은 유익이 있다.

하지만 무엇인가 얻기 위한 기대로
선교를 가면 안 된다.
선교의 본질은 버리기 위해 가는 것이다.

내 계산과 판단으로 얻을 수 없는 것들을
버리는 과정 가운데 얻게 된다.
그것이 사랑이다.

그 사랑에 생명이 있다.
그 사랑이 나를 살게 한다.

사랑은 거래랑 다르다.
당신이 먼저 버리면 사랑이 당신을 채울 것이다.
버리면서 사랑을 알게 될 것이다.

욕망과 생존 때문에 하나라도 더 가지려고
발버둥칠 때 얻지 못하던 것을
버리면서 알게 될 것이다.
버리면서 채워진 사랑이 당신을 살릴 것이다.

좋은 교회가 되는 법은 매우 간단하다.
서로 버리려고 할 때 좋은 교회가 될 것이다.
교회가 욕을 먹는 것은 더 가지려 하기 때문이다.
더 쌓으려 하기 때문이다.

교회도 가정도 인생도 마찬가지이다.
우리 교회가 하나님을 사랑해서 버리고,
이웃을 사랑해서 버리는 교회가 되기를 소망한다.

#끝까지 사랑하시니라

유월절 전에 예수께서 자기가 세상을 떠나
아버지께로 돌아가실 때가 이른 줄 아시고
세상에 있는 자기 사람들을 사랑하시되
끝까지 사랑하시니라

요한복음 13:1

이 구절 다음에 나오는 이야기는
하나님의 아들께서 제자들의 발을 씻기는 장면이다.
발이란 어떤 의미인가?
사람에게서 가장 더러운 자리,
가장 낮은 자리,
가장 냄새나는 자리이다.

그 발을 하나님의 아들께서 무릎 꿇고
손으로 만지시고 물로 씻으시고 때를 벗기신다.
거기까지 사랑하신다.

그 세족식의 자리에는
베드로가 있다.

요한이 있다.

도마가 있다.

빌립이 있다.

가룟 유다가 있다.

자격을 따지거나 미운 놈을 골라내지 않고

모두 씻어주셨다.

끝까지 사랑하셨다.

당신에게서 가장 더러운 모습,

가장 낮은 모습,

가장 냄새나는 모습,

거기까지 와서 주님이 만지신다.

거기까지 사랑하신다.

교회는 세족식의 공동체이다.

끝까지 사랑하려고 몸부림치는 것이다.

서로의 발을 씻어주는 공동체이다.

서로 잘난 것을 자랑하는 곳이 아니다.

약함과 부족함까지 끌어안고 사랑하는 것이다.

주님은 끝까지 사랑하신다.

버리지 않으신다.

자신이 버림을 받음으로써

우리를 끌어안으셨다.

우리를 모으셨다.

우리를 붙드셨다.

우리는 세상에서 버림받는 것 같은 느낌을 받는다.

형편없는 모습 때문에 버림받을까 두렵다.

살면서 정말 고통스러운 것은

외부에서 닥쳐오는 어려움과

부정적인 상황, 타인의 비난도 아니다.

그런 것들은 견딜 수 있다.

그런데 내 속에서 절망적인 소리가 들려온다.

난 끝났어.

난 여기까지야.

주님께서 거기까지 사랑하신다.

가치가 없는 나를 사랑하신다.

끝까지 사랑하신다.

그것이 나의 가치이고 자존감이다.

존 오트버그는 딸이 사랑하는 누더기 인형에 대한

이야기로 복음을 설명한다.

나도 딸을 키우면서 비슷한 일을 겪었다.

은율이가 태어났을 때 이모가 준 인형이 있다.

머리가 딸기처럼 생겨서 딸기라고 이름을 붙였다.

은율이는 딸기를 매우 사랑했다.

늘 껴안고 잤다.

밥 먹을 때도 함께했다.

은율이가 일곱 살쯤 되었을 당시

나는 교회를 개척하고 사역에 치여

밤늦게 퇴근하기 일쑤였다.

밤늦게 퇴근하면

침대에서는 아내와 두 딸이 자고 있다.

나는 그 아래에 매트를 깔고 잤다.

어느 날 퇴근했더니

아내와 두 딸이 잘 준비를 하고 있었다.
침대에 가서 딸들에게 잘 자라고
입을 맞추고 인사를 했다.
그러자 큰딸이 말했다.

"아빠, 나 지금 침대에서 잠들지만,
이따 아빠 잘 때 나도 아빠 옆으로 데려가야 해."
"응, 알았어."

그리고 방문을 닫으려는데 한마디 덧붙였다.

"아빠, 잊지 마. 딸기도 꼭 같이 데려가야 해.
내일 아침에 눈떴을 때
내 품에 딸기가 없으면 나한테 맞을 줄 알아."

나는 알겠다고 대답하고,
방문을 닫고 욕실에 가서 씻었다.
책상에 앉아 읽어야 할 책을 읽고, 남은 업무를 보고,
침실에 들어갔다.

큰딸을 안아서 매트 위에 눕히고 나도 그 위에 누웠다.

몸이 녹는 것 같다.

너무 달콤하다.

스르륵 잠이 드는 찰나

머릿속에서 음성이 들린다.

"잊지 마! 딸기도 꼭 같이 데려가야 해.

안 데려오면 나한테 맞을 줄 알아."

나는 악몽이라도 꾼 듯 눈을 번쩍 뜨고

어둠 속에서 뒤적거리며 딸기를 찾는다.

내가 이 짓을 왜 해야 하나 싶지만,

딸기를 들어 큰딸 품에 안겨준 다음

다시 누워서 잠을 청한다.

딸기는 오래된 낡은 인형이다.

우리 집에는 더 예쁜 인형이 많다.

더욱이 40대 중년 목사에게

딸기라는 인형은 아무 가치가 없다.

그런데 나는 이 누더기 인형을 귀하게 여긴다.

내 딸을 사랑하기 때문이다.

온 세상 모든 것들이 끝나게 되는 그 끝날에
나를 사랑하시는 하나님의 아들께서
말씀하시는 장면을 상상한다.

"아버지, 세상 끝날에
임형규도 꼭 같이 데려가야 합니다.
그는 내가 가장 사랑하는 사람이기 때문입니다."

나는 '노 죄인 존'인 천국에 들어갈 자격이 없다.
나는 고멜이다.
나는 누더기 인형이다.
쓰레기통에 처박혀도 할 말이 없다.

그런데 주님께서 나를 가슴팍에 꼭 끌어안고
사랑해주신다.
그 사랑이 나를 살게 한다.
그 사랑이 아니면 나는 아무것도 아니다.
정말이지 나는 아무것도 아니다.

주님이 당신을 끝까지 사랑하신다.
아멘!

대체 왜 나를 사랑하세요?

초판 1쇄 발행	2025년 2월 26일		
지은이	임형규		
펴낸이	여진구		
책임편집	안수경 김도연		
편집	이영주 박소영 최현수 구주은 김아진 정아혜		
책임디자인	마영애 │ 노지현 조은혜 정은혜		
홍보 · 외서	진효지		
마케팅	김상순 강성민	마케팅지원	최영배 정나영
제작	조영석 허병용	경영지원	김혜경 김경희

303비전성경암송학교 유니게 과정
이슬비전도학교 / 303비전성경암송학교 / 303비전꿈나무장학회

펴낸곳	규장

주소　06770 서울시 서초구 매헌로 16길 20(양재2동) 규장선교센터
전화　02)578-0003　　팩스　02)578-7332
이메일　kyujang0691@gmail.com　　　　홈페이지　www.kyujang.com
페이스북　facebook.com/kyujangbook　　인스타그램　instagram.com/kyujang_com
카카오스토리　story.kakao.com/kyujangbook
등록일　1978.8.14. 제1-22

책값　뒤표지에 있습니다.
ISBN　979-11-6504-596-8　03230

규│장│수│칙

1. 기도로 기획하고 기도로 제작한다.
2. 오직 그리스도의 성품을 사모하는 독자가 원하고 필요로 하는 책만을 출판한다.
3. 한 활자 한 문장에 온 정성을 쏟는다.
4. 성실과 정확을 생명으로 삼고 일한다.
5. 긍정적이며 적극적인 신앙과 신행일치에의 안내자의 사명을 다한다.
6. 충고와 조언을 항상 감사로 경청한다.
7. 지상목표는 문서선교에 있다.

하나님을 사랑하는 자 곧 그의 뜻대로 부르심을 입은 자들에게는 모든 것이 合力하여 善을 이루느니라(롬 8:28)

규장은 문서를 통해 복음전파와 신앙교육에 주력하는 국제적 출판사들의 협의체인 복음주의출판협회(E.C.P.A:Evangelical Christian Publishers Association)의 출판정신에 동참하는 회원(Associate Member)입니다.